本書は、香川大学[バーコード: JN024336]　「質の高い大学教育推進プログラム（　　　　　　　　　　取組「現場主義に基づく地域づくり参画型教育―　　　、リマインドをもった人材養成４年一貫型教育の実現をめざして―」の成果報告書である。

　本取組は、香川大学経済学部の学生と教員が、地域住民と共に地域の抱える課題の解決策を考え、それを実践することにより、地域づくり活動に携わるという、参画型・４年一貫型教育を行うものである。この取組の背景には、平成17年度から観光を教育研究している教員によって部分的に行われてきた「地域づくり参画型教育」の教育効果が非常に高かったことがあげられる。また、香川県では21年度に「まち歩き博」、翌22年には「瀬戸内国際芸術祭」が開催される予定であり、大学も協力を要請されていた。そこで地域社会システム学科ツーリズムコースを中心に経済学部全体で本取組を実施することになったのである。

　この取組の教育目的は「地域づくりマインドをもった人材」を養成することであり、この人材養成は「現場を重視する人材」、「課題探求・解決力のある人材」、「地域に貢献できる人材」の３つの人材養成を通じてなされると考え、それに見合う教育プログラムを作ってきた。

　大学の最大の地域貢献は教育による人材の養成である。経済学部では、激動の社会経済下にあって、現在も学部一丸となって教育改革に取組んでいる。本取組の成果も教育改革に取入れ、学生や地域社会に資する教育体制をこれからも構築・実践していく所存である。

　最後に、お世話になった地域住民、地方自治体など関係者の皆様に厚く御礼申し上げる。

香川大学経済学部長

藤　井　宏　史

# 目　　次

序　文　　　　　　　　　　　　藤井宏史 ……………………　1

第1章　「現場主義に基づく地域づくり参画型教育」について
　　　　　　　　　　　　　　　原　直行 ……………………　3

第2章　学生が考える香川県島嶼部の観光による島おこし
　　　　　　　　　　　　　稲田道彦・稲田ゼミ ……　11

第3章　小豆島遍路：スピリチュアル・ツーリズムの視点から
　　　　　　　　　　　　　大賀睦夫・大賀ゼミ ……　37

第4章　直島における観光者行動調査と地域振興
　　　　　　　　　　　　　金　徳謙・金ゼミ ………　57

第5章　直島における外国人観光客アンケート調査
　　　　　　　　　　　　　水野康一・水野ゼミ ……　75

第6章　豊島における地域づくり活動
　　　　　　　　　　　　　原　直行・原ゼミ ………　94

第7章　塩江町上西地区における地域づくり活動
　　　　　　　　　　　　　原　直行・原ゼミ ………　120

第8章　「遺跡案内」―観光者はなにを求めているか―
　　　　　　　　　　　　　丹羽佑一・丹羽ゼミ ……　144

執筆者紹介　　　　　　　　　　…………………………　160

# 第1章 「現場主義に基づく地域づくり参画型教育」について

原　直行（経済学部教授）

## 1. はじめに

　本章では、香川大学経済学部が平成20〜22年度に取組んだ「質の高い大学教育推進プログラム（教育GP）」について説明する。教育GPは、文部科学省の大学改革推進事業の一環であり、「教育の質の向上につながる教育取組の中から特に優れたものを選定し、広く社会に情報提供するとともに、重点的な財政支援を行うことにより、我が国全体としての高等教育の質保証、国際競争力の強化に資することを目的」として、応募のあった大学・短大・高専から選定されるものである。平成20年度には939件の応募があり、148件が採択された。本学部の取組「現場主義に基づく地域づくり参画型教育—地域づくりマインドをもった人材養成4年一貫型教育の実現をめざして—」も平成20年度に選定された。以下、取組の趣旨と背景、目的、具体的内容、実施体制、成果についてみていく。

## 2. 取組の趣旨と背景

　本取組は、香川大学経済学部の学生と教員が、地域住民とともに地域の抱える課題の解決策を考え、それを実践することにより、地域づくり活動に携わるという、参画型・4年一貫型教育を行うものである。

　本取組の背景には、これまで経済学部地域社会システム学科において観光を教育・研究している教員2人によって、平成17年度から部分的に行われてきた「地域づくり参画型教育」の効果が非常に高かったことがあげられる。その効果には学生に対する教育効果と地域貢献に対する効果があるが、とくに学生に対する教育効果が高く、学習効果の上昇だけでなく、責任感や連帯感、さらには地域や現場を重視する意識が顕著に高まったのである。

　また、本取組の社会的ニーズとして、地域からの強い要請があげられる。香川県では平成21年度にそれまで県をあげて「観光まちづくり」に取組んできた成果を踏まえて「まち歩き博」を実施する。さらに翌22年度には芸術による地域再生を目指して、瀬戸内海の島嶼部（直島、豊島など）を中心に「瀬戸内国際芸術祭」が開催される予定であった。これらは日本のみならず、世界に情報発信するものであり、世界中からの観光客と地域住民が交流を深めながら、地域再生、地域活性化に取組むものである。このような学外の動きに対して、観光資源発掘調査や観光ボランティアガイドなど大学も地域住民とともに観光交流を通じた地域づくり活動に積極的に取組むように協力を要請されていたのである。

　以上のことから、これまで2人の教員によって、部分的に行われてきた「地域づくり参画型教育」を、4年一貫型教育として、ツーリズムコース教員8人を中心に学部全体に展開させる形で実施することになった。

## 3. 取組の目的

　次に、本取組の目的についてであるが、それは2つある。1つは、現場主義に基づく地域づくり参画型教育・4年一貫型教育により、「地域づくりマインドをもった人材」を養成することである。もう1つは、地域活性化への積極的貢献である。

### （1）「地域づくりマインドをもった人材」の養成

　先ず、「地域づくりマインドをもった人材」を養成することである。これは「現場を重視する人材」、「課題探求・解決力のある人材」、「地域に貢献できる人材」の3つの人材養成を通じて、地域づくりマインドをもった人材を養成する。

　パソコン1台あれば世界中の情報を集め、欲しいものを入手できる先進国にあっては、現場でのモノづくりやそこでの苦労が軽視される傾向がある。だが、現場を知らずして、物事の本質はつかめない。現場に何度も足を運び、地域の実態をこの目で確かめ、地域住民とともに調査や

共同作業を行うことによって、現場の大切さを認識できる人材、「現場を重視する人材」を養成する。

　また、現場で課題を発見し、課題を探究し、解決策を考えることは、大学教育の基本ともいえる「課題探求・解決力のある人材」の養成につながる。しかも現場で地域住民とともに考えることは、課題の探究・解決策が独善的・非現実的なものにならないようにすることを可能にする。それと同時に、大学での基礎的・理論的な学習や調査分析手法の習得の意義を見出しやすく、学習効果が上がる。

　さらに、地域住民とともに現場の課題を解決しようとすることは、そのこと自体が地域活性化を通じて地域に貢献しているのであるが、卒業後も地域づくり活動の重要性を知り、地域の将来は地域住民自身が自ら考え、自ら地域づくりに参画して作っていくものであることを理解し実践する、「地域に貢献できる人材」を養成する。

　以上により、卒業後、地域活性化を担う地方自治体職員（行政職として県や市・町の観光振興課・地域振興課）や、地元企業に就労しながらNPO活動等により市民レベルで地域づくりに携わる社会人を養成する、すなわち、「地域づくりマインドをもった人材」を養成することが目的である。

## （2）地域活性化への貢献

　もう１つの目的は、地域活性化への貢献である。香川県では、地域に暮らす人々が誇りと愛着をもてる地域づくりを観光とともに進める「まちづくり型観光」に平成16年度から取組み始め、19年度から本格的に事業を展開し、県内各地で観光交流等による地域づくりが行われてきた。さらに、21年度に「まち歩き博」、翌22年度には「瀬戸内国際芸術祭」が控えており、大学も地域住民とともに観光交流を通じた地域づくり活動に積極的に取組むように協力を要請されていた。地域に学生、教員が出かけ、地域住民とともに課題の解決策を考え、それを実践することはすぐれて地域活性化に貢献する活動である。特に高齢化・過疎化が深刻

な瀬戸内島嶼部や農山漁村では、学生（若者）と地域住民が交流するだけで地域に暮らす住民に「心の活性化」とも言うべき活気が戻り、活性化の一役を担えると考えられる。

## 4. 取組の具体的内容

　取組の具体的内容については、学年進行に従って3段階からなる。（図表1参照）第1段階では、「課題を発見する」ことが中心である。大学（教員と学生）が、香川県内でまち歩き型観光などの観光交流により地域づくりを行っている現場（地域）に行き、現場の実態を知ると同時に地域住民とともに課題をみつける。対象学年としては、1・2年生が該当し、講義、プロゼミで行う。これらの授業では実際に現場に行って、現場の実態を知るというフィールドワークが取入れられている。

　第2段階では、「課題を探究する」、「解決策を提案する」ことが中心になる。すなわち、現場に何度も足を運びながら、課題を探求する。大学での基礎的・理論的な学習や調査分析手法を応用しながら、アンケートや聞取り調査、GPSを利用した観光交流客の追跡調査などによって、現場での課題の解決策を地域住民とともに考え、最終的に実行性の高い解決策を提案する。3年生が対象であり、演習（ゼミ）で1年間を通して取組む。

　第3段階では「解決策を実践する」、「効果の検証を行う」ことが中心になる。3年次で提案した解決策を地域住民とともに検討し、実行可能な形にして実践する。さらに、実践した効果の検証も行う。4年生が対象であり、個別演習（ゼミ）で1年間を通して取組む。そして、これまでの研究成果をまとめ、卒業論文を作成する。

　以上のように、本取組は4年一貫型の教育であり、学生、教員が実際に地域づくりに携わる参画型教育である。（図表1参照）

　なお、取組に参加する主な学生はツーリズムコースに所属する2〜4年次の学生であり、各学年約45人、計約135人である。

　また、スケジュール内容は年度によってあまり大きな変化はない。具

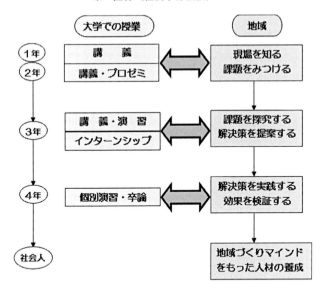

図表1　参画型・4年一貫型教育の流れ

体的な取組の全体スケジュールについては以下のとおりである。

| | |
|---|---|
| 4月 | 連絡協議会の開催 |
| 4月〜1月 | 各学年に応じた教育・調査活動 |
| （8月・9月） | 夏季休暇を利用した先進事例の視察等 |
| （12月） | 成果報告会の開催（最終年度のみ） |
| 2月・3月 | 評価委員会の開催 |
| | 成果報告書の作成（最終年度のみ） |

## 5. 取組の実施体制

　この取組の実現に向けた実施体制として重要なのは、「地域との連携」と行政や観光協会、地域づくり団体等との「連絡協議会」の活用である。「地域との連携」は大学と地域との信頼関係がきわめて重要であり、これは大学が地域を何度も調査等のために訪問することによって醸成されてくるものである。また、「連絡協議会」は、大学が協力できる参画型

連絡協議会の開催　　　　　　　地域住民と今後の活動について協議

教育の内容（シーズ）と地域が抱えている課題（ニーズ）とのマッチングを行う場である。（図表２参照）具体的には、県観光振興課、市町の観光担当者、まちづくり団体代表、大学教員からなり、先ず、教員が取組める調査研究テーマ・課題を提示する。次に、県、市・町、まちづくり団体から希望する調査研究テーマ・課題を提出してもらう。その後、提出してもらった調査研究テーマ・課題を検討し、教員が取組める調査研究テーマ・課題について、対象地域と協議し、調査研究テーマ・課題、対象地域を決定するというものである。

　教員が取組める調査研究テーマ・課題については、以下のようなものがあげられる。

・観光まちづくりに関する調査研究
・エコツーリズムによる農村活性化に関する調査研究
・瀬戸内海の島嶼地域の文化遺産と観光に関する調査研究
・環境保護に関連した地域活性化に関する調査研究
・観光者の観光行動および空間利用に関する調査研究
・外国人向けボランティアガイドに関する調査研究
・遍路に関する調査研究

　さらに、取組の評価体制として「評価委員会」を設置する。評価委員会は具体的には、香川大学副学長（教育担当）、香川県観光交流局長、香川県観光協会専務理事、まちづくり団体代表１人、経済学部教員１人

評価委員会の開催①　　　　　　　評価委員会の開催②

（事務局担当）の計5人からなる。評価委員会は、年度末に大学（教員と学生）による、課題解決策の提案、解決策実施の効果の検証、次年度の計画についての報告に対して、評価・アドバイスを行う。観光交流人口や売上高などを除くと、地域づくりや参画型教育は指標として数値化したものを示すことが難しいため、数値目標設定による指標づくりよりも、各委員のそれぞれの立場から、地域づくりへの貢献や参画型教育の達成度について評価するという方法をとっている。（図表2参照）

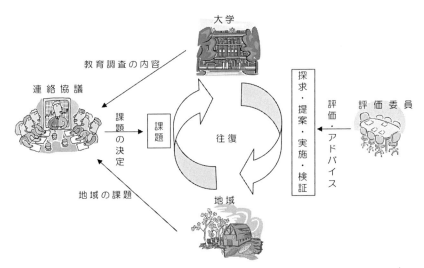

図表2　取組の実施体制

## 6. 取組の成果

　本書及び次章以降の活動内容がまさに取組の成果であるが、その他にも以下のようなものがあげられる。

### （1）平成20年度の成果

- 『四国遍路から経済を見る』（経済学部地域社会システム学科　稲田ゼミ）
- 『ゼミナール報告書—阿蘇市内牧町を事例として—』（経済学部地域社会システム学科　金ゼミ）
- 『観光学へのアプローチ』（経済学部ツーリズム研究会）

### （2）平成21年度の成果

- 『ゼミナール報告書　第2号』（経済学部地域社会システム学科　金ゼミ）
- 『地域観光の文化と戦略』（経済学部ツーリズム研究会）

## 7. おわりに

　地域の中に学生と教員が入ることによって、少しでも地域づくりの一端を担えたのなら大学としてとても喜ばしいことである。学生と教員は、それ以上に多くのことを地域から学ばせてもらっている。地域や現場はまさに「学び」の場であった。

　また、地域づくり活動は事業活動であると同時に運動でもある。運動である以上、そこに「終わり」というものはない。あるいは50年とか100年という長期のスパンで考えるべきことである。今回の成果報告書についても、今後大学が地域づくり活動に携わっていく途中の通過点にすぎない。地域や現場はこれからも私たちの「学び」の場である。

# 第2章　学生が考える香川県島嶼部の観光による島おこし

稲田　道彦、稲田ゼミ

## 1. はじめに

　瀬戸内海島嶼地域は第2次世界大戦直後に荒廃した都市地域を避けて島に居住する人が増え、島嶼部の総人口が今までの人口のピークを迎えた。その後、日本が経済的に復興するにつれて、島の人口はずっと減少していった。高度経済成長期に大きく人口が減少した。若い働き盛りの世代が進学や就職などの理由で島を出て行った。社会移動による人口減少である。若い子育てをする世代がいなくなり、島に子供が次々にいなくなった。そしてとうとういつか来ると予測されていた、島に残った親世代が高齢になり死亡する現象が、現在進んでいる。人口の自然減少である。こうなると近い将来、島に住む人がいなくなる。いろいろの観点で我々は島に人が住み続けていただきたいと考えている。島を一度原野に戻すと、島に居住空間を確保することが難しくなる。さらにそこで暮らす社会的なルールを作らねばならない。島が営々と築いてきた歴史的な文化は灰燼に帰してしまう。今進行している人口の自然減少という現象には、何か新しい流れを作らない限り、島に住む人がいなくなってしまう。

　次が私達が考えたモデルである。いつまでも安定的に、島に人が住み続けてもらいたいと考える。島に住む人口を今よりも増やしたい。新しく島に住んでもらう人は島の生活に愛着を持つ人である。さらに望ましくは島が好きな人である。そして今まで島で人々が築いてきた文化を尊重できる人である。島には島民が生きていくために産業が必要である。農業や漁業という産業がある島は幸いである。すでに高齢化と人口減少で、農業や漁業が自給的になり、それすら継続が困難になった島がある。この点で一番の先を走っているのが、志々島である。島内に自動車の通る道路が無く、物資が全て人力運搬であるために、集落から遠く農

耕に不適な場所が次々に放棄されてきた。高見島の板持集落は廃村となり、集落全体が丈の高い篠竹で埋め尽くされてしまった。ここまで高齢化や過疎化が進んだ地域やその手前の段階にある集落では、観光による島外からの交流人口がもたらす収入が将来的には農業漁業の第一次産業を興すための原資としてもなると考えた。観光業をおこすためには人に来てもらうことが第一であると考えた。人に来てもらうためには観光の手段を借りた情報発信が有効ではないかと考えた。私たちにできることとして学生が見つけた島の面白さを発信することが人に来てもらうことのきっかけになることを考えた。大勢に来てもらうのではない。島に興味を持つ人に届くような情報の発信を考えた。

　私達のモデルでは、すでに居住条件が低くなってしまった島へ、住みたいという人の誰にでも島に来て住んでもらいたいというのではない。今まで存続してきた島の生活を尊重できる人である。一島民として、島の発展を考えてくれる人である。自分の楽しみだけを優先する人、身勝手に現在島にあるものを利用することだけを考えている人には来てほしくない、と考える。島の人口が増えさえすればいいという考えとも違っている。今までの島の生活の延長上にこれからの島の生活を直結して考えたいのである。多くの地方公共団体が誘導策として掲げている、島に都市住民のセカンドハウスを建ててもらう案というのは、我々の考えとは相違している。彼らは島の中に自分達だけのテリトリーを設けてしまう。今まで島に住んできた人のコミュニティのルールを認めようとしない人は、島のよい所だけをかすめ取っていく存在のようにも見える。

　島の面白さを感じる人、島に興味のある人に住んでもらいたい。でもそのためには、まずは島に行ってみたい意欲をもってほしい考える。という来たいと思わせる情報を発信することを考えた。ただ面白い、素晴らしいという情報だけではなく、学生が島で感じた生の気持ちを発信して、共感してもらい、その先は訪れた人の気持ちの進み方によると考えている。自分達が感じた面白さを発信したいと考えている。

　ここに収められている文章は学生たちの目に映った島の姿であり、そ

れを確かめに島に来てもらえることを考えて書かれた文である。

## 2. 鉄道の走る島

### （1）はじめに

　1988年4月、瀬戸内海に大きな変革が起きた。四国と本州の架け橋となる「瀬戸大橋」が開通したのである。塩飽諸島の5つの島の間に架かる6つの橋梁とそれらを結ぶ高架橋により構成されているこの橋により、四国と本州を結ぶ「鉄道（瀬戸大橋線）」が開通し、交通の便が格段に良くなったことは間違いない。それに加え「島の上を走る鉄道」という日本ではなかなか見ることのできない光景をも生み出したのである。ここで1つ気になることが浮かび上がってくる。「島の人々にとっての鉄道」というものである。そこで、この報告では、島に住む人々にとって「鉄道」というものがどういったものであるのか、どういった思いを抱いているのか等、実際現地を訪れ感じたことや島民の方へのインタビューを通して考えていくことにする。補足として、鉄道マニアの人にはたまらないであろう「鉄道絶景ポイント」も少しだけではあるがお届けする。

### （2）鉄道の走る島

　瀬戸内海において鉄道の走る島は5つ存在する。北から「櫃石島」、「岩黒島」、「羽佐島」、「与島」、「三つ子島」である。このうち「羽佐島」と「三つ子島」は無人島である。どちらの島も釣り人が船から降り、利用する事はあるようだが、たどり着くための公共の交通手段は存在しない。「三つ子島」に至ってはほぼ岩なので上陸には注意が必要である。残りの3島は有人島であり、交通手段はある。しかし、注意すべき点がある。一般車が降りられるのは、3つのうち「与島」だけなのである。残りの2島は島民以外路線バスで行くしかない（島民には本州四国連絡高速道路（株）が発行する専用の別納カードがある）。一見不便なだけに思えるが、かなり高額の橋の建設費や高速料金等が掛かっていることを考えると、驚きの安さかもしれない。以上5つが瀬戸大橋の下に位置する島である。

　日本で鉄道が通過する島は他にもある。山陽本線が通過し、関門トンネルの入り口にある彦島（山口県）と、弁天島（静岡県）である。後者は東海道新幹線・東海道本線が通過する島で、浜名湖に浮かぶ島である。島内には弁天島駅も存在する。

## （3）島民にとって「鉄道」とは…

　約20年前瀬戸大橋という巨大な建造物が建設され、それとともに走り始めた「島を走る鉄道」。ここでは、その鉄道に対して島民の方がどのような思いを抱いているかなど、実際のインタビューから得た事を紹介していこうと思う。〔協力者：ぶんたん農家のもとかわさん（80）、岩黒中学二年生の岩本豊君（13）〕

① 「電車」は怖い⁉憧れ⁉

　まずは島民の方が「電車」に対して抱いているイメージについてである。もとかわさんが初め抱いていた印象は「怖い」というものであった。なぜか。その理由は音にあった。「ゴォー…」という地響きのような音が家の中にも伝わってくる。明るい時間帯はまだ「電車が走っているのだな」という実感があるが、夜になると印象がまったく違ったものに変わるそうだ。最初は怖くて眠れないということもあり、「電車には困らされた」とおっしゃっていた。ただ慣れてしまった今となっては「ただうるさいだけ」だそうだ。「慣れ」こそ本当に怖いものかもしれない。続いて、岩本君の印象である。彼はもとかわさんと正反対で「憧れ」を抱いていた。彼が言った「なんでこの島には駅が無いの？全然電車に乗れないよ」この言葉が胸に響いた。島の駅がないのはおそらく、本当に限られた需要しか見込めないからだろう。また、もし観光客が大挙してきたとしてもそれを受け入れるだけのキャパシティが無い。だからこそ車でさえ入島が制限されているのだろう。彼の抱いたこういった憧れも島民が島を離れていく理由となっているのかもしれない。「電車に対するイメージ」に関してはここまで。年齢や人によって大きく意見が分かれ、大変興味深かった。

② 島民に電車など必要ない⁉

　次は「島民の方は電車を利用するのか」という疑問についてである。この疑問には、2人とも即答してくれた。「全く利用しない。」と。上にも書いたように「駅があれば…」という思いが大きな理由だろう。また、遠出をする事も少ないらしく、わざわざバスで児島に出て、電車に乗るよりも、自分で車を運転して外出するほうが経済的にも効率が良く、多いらしい。「こんなに近くを走っているのに全く利用しない」、なかなか興味深い事実である。「近くて遠い存在」とはまさにこのことだろう。つまり、島の人にとっては「不便」という言葉が一番似合う存在であり、岩本君のように電車に憧れを抱く子もいるが、利用する機会もとても少ないというのが「島民にとっての鉄道」の現状のようである。

③ 島民だからこそ知っている‼ 島を走る鉄道のお話。

　最後に「島を走る鉄道独特の豆知識みたいなものはあるのか？」という疑問についてみる。この疑問に対しては、ぶんたん農家のもとかわさんから、大変興味深いお話を頂いたので、そのお話を紹介する。そのお話とは、「電車は季節によって発する音に違いがある」というものである。なかなか衝撃的なものではないだろうか。少し細かく見ていくことにする。もとかわさん曰く、「夏は空気がどんよりしている。だから、その空気を伝わってくる電車の音がじかに伝わってくる。夏は窓を開けて寝るのがかなりうるさいから、暑いのに、窓を閉めて寝るしかない。しんどいよ。それに対して、冬の空気は澄み切っている。だから、電車が走る音は、空気に散漫してしまう。その結果、地上に伝わってくる音も夏より小さなものに感じられる。だから冬は寒いけど夏より好きかもしれない。」ということである。これは島に長く住んでいるからこそ知りえた貴重な情報だろう。また「島」という土地の特性である「静けさ」という条件があったから気付いたともいえる。私の家のすぐ側に線路があり、電車が走っているが、車が走っていたり、学生の話し声が聞こえたりなどして、集中して音を聞く事など出来ないし、注意して音を聞こうという気にもならない。島の人は、周りが静かだから、聞こうと思わな

くても自然と耳に入ってくる。「島」という場所だからこそ知る事のできたこの情報は、大変興味深く、とても印象にのこっているものである。

## （4）島から見た鉄道〜絶景ポイント〜

ここでは、はじめにお知らせしたようにマニアにはたまらない（僕が独断で選んだものなので需要があるかは定かではありませんが）島から見た鉄道絶景ポイントをいくつか紹介していく事にする。鉄道マニアではない私もスポットを探すまでの過程では、島ならではの環境に、少年に戻ったかのようにはしゃいでいた。辿り着くまでには良い運動が出来るのかもしれない。また道中には鉄道以外の絶景ポイントも見られたので、マニア以外の人にも楽しめる要素は十分だ。それでは、どうぞ「鉄道の世界」へ。

### ①　与島〜フィッシャーマンズワーフ〜

まず1つ目のポイントは、比較的良く知られている場所かもしれません。ということで「初級編」ということにします。それではどうぞ。

どうですか‼

えっ…

鉄道が見えないって‼

それでは、もうちょっと近づいてみましょう。

さあ、どうですか‼

えっ…

まだまだ見えないって‼

仕方ありません。では、もうちょっと。

よくできました‼
ようやく見えましたね。
えっ…
小さすぎるって…
良いカメラで撮ったらいいんです。

初級編なのでこれで我慢してください。次は「中級編」です。

② 岩黒島

それでは、2つ目のポイントに向かいます。今度はポイントに向かうまでの過程もお届けいたしますので、参考にしてください。

岩黒島にはバスでしか行けません。(島民以外)

岩黒島バス停で降り、さらにエレベーターも降りま…

ゴゴゴゴ…　何か音がしますね。(エレベーターの横から下を覗く)

電車が走ってるじゃないですか‼　隠れたポイント発見です。

それでは改めてエレベーターを降りましょう。

　学生が書いた地図がありました。

　これを頼りに（1本道ですが…）進んでいきましょう。

　少し進むと、海岸に降りれそうな道を発見できます。

　この道には少し草むらを掻い潜っていく必要があるので要注意です。

　ようやくつきました。中級編のポイントです。

　島の名前の由来でもある真っ黒の石と瀬戸大橋を走る鉄道のコラボレーション。絶妙です。

　えっ…鉄道が見えないって…

　近寄って良いカメラで撮ったら写ります。まだ、中級編なのでこれで我慢してください。最後は「上級編」です。

### ③　櫃石島〜大浦跨線橋〜

　いよいよ最後のポイントです。このポイントは皆さんお待ちかねの島民の方も知る人ぞ知る「隠れた絶景ポイント」。ぜひ期待してください。

　今回は「櫃石島」です。岩黒島同様バスでしか行けません。が、地上に降ろしてくれます。

　いきなりですが、まず櫃石島の伝説の石「キイキイ石」の所に向かってください。この石は「年が経つにつれ、大きくなる」

という伝説があるそうです。

　それはさておき、この「キイキイ石」がある王子神社の入り口近くに側道があるのでそこに入ってください。目的地はその先にあります。

　隠れた鉄道絶景ポイント「大浦通跨線橋」です。

　「跨船橋（こせんきょう）」とは…『橋の一種で、鉄道線路をまたぐもの』です。名前からしても、期待感が沸いてきますね。

　それでは、ここから撮った写真をお見せしましょう。

　見事です‼これを待っていたんですよね。

　鉄道マニアの方も、そうでない方も参考になったでしょうか。

　ぜひ一度行って写真を撮ってみてください。

　あっ、シャッターチャンスが限られているので要注意を‼

## （5）おわりに

　以上で、「鉄道の走る島」についてのレポートは終わりである。「読みやすさ」というものを念頭において書いたので、少し内容に欠けるということもあるかもしれない。しかし、私自身は就職活動から少し離れ、何も考えることなく「島」という場所を楽しめたし、とても印象的な情報まで得る事ができたので非常に満足している。癒しを求めたいなら、ぜひ一度島を訪れてみる事をお勧めする。

## 3. 宿がある島ない島

### （1）なぜ島に宿があったりなかったりするのか

　宿がある島とない島を調べることによって、その島が観光客を招き入れる姿勢があり、島の外に目を向けている外向きか、あるいは、観光客には来てほしくない内向きなのかが明らかになると考えた。さらに逆に言うとその島に定常的に宿泊者がおり、宿泊業が産業として成立するのかどうかという点にかかわっていると考えた。

| 島の名前 | 宿の有無 | 人　口 | 面　積 |
|---|---|---|---|
| 本　島 | ○ | 517人 | 6.74平方km |
| 粟　島 | ○ | 330人 | 3.68平方km |
| 佐柳島 | × | 146人 | 1.83平方km |
| 志々島 | × | 32人 | 0.47平方km |
| 櫃石島 | × | 236人 | 0.85平方km |
| 高見島 | ○ | 73人 | 2.33平方km |
| 小豆島 | ○ | 32,432人 | 153.29平方km |
| 直　島 | ○ | 4,139人 | 7.80平方km |
| 岩黒島 | ○ | 94人 | 0.16平方km |
| 伊吹島 | ○ | 793人 | 1.05平方km |

　上の表は宿の有無と、人口と島の面積についてまとめたものである。宿のある島について概説する。

本　島：伝建地区に昔からの古民家を利用した宿があり、観光客を受け入れる態勢は整っている。夏休みなどの行楽シーズンになると予約ですぐいっぱいになるほどの人気である。伝建地区の存在は大きい。

粟　島：ル・ポールという宿泊施設があり、宴会場やバーベキューなどの設備も整っていて、かなり外向きであると言える。しかも、昔からの海員学校の校舎を利用した博物館もあり、設備面からみれば粟島は外向きである。

高見島：佐柳島よりも人口は少ないのだが、豊かな自然や海が魅力で癒

しを求めてくる観光客もいるようで、規模は小さいのだが民宿が1軒かあり、夏期のみ営業している。宿泊施設は整備されているので外向きだと言える。

小豆島：島の規模も他の島に比べてはるかに大きく宿泊施設の数も多い。施設の形態もホテルや民宿、ペンションなど多岐にわたり、人口の多さと島の規模の大きさが関係していると考えられる。また、インターネットにも宿泊施設の情報がかなり詳しく掲載されており、島をあげて観光客を受け入れようとする姿勢がうかがえ、かなり外向きであると言える。

直　島：直島には現代アートを取り入れた施設が整備されており、それを目的として多くの観光客が訪れる。そのため宿泊施設の整備も整っており、こちらも小豆島と同様に外向きである。やはり、人口と規模が大きいため観光客を受け入れるキャパが他の島とは大きく違う。

岩黒島：島の規模は与島よりも小さいのだが、民宿「岩黒」など2軒の民宿があり、ホームページもしっかりと管理されており、釣り場の情報を掲載するなどして釣り人に対しての情報発信ができている。

伊吹島：「いぶき」という民宿があり、事前に予約をしておけば伊吹島近海で取れた魚を新鮮な状態でいただくことができる。島の規模自体はそんなに大きくはないのだが、宿があることから外向きであると言える。

## （2）まとめとして

　こうして宿のある島ない島を調べてみて驚いたのは、岩黒島のように島の規模が小さいにも関わらず宿がちゃんと存在していることである。小豆島や直島のように規模の大きな島に宿があるのは、そこを訪れる観光客の数が多いので、いわば必然だと思われるが、人口も面積も小さな島に宿があることは不思議である。宿があるということは、そこを訪れ

る観光客が少なくともいるということである。島の魅力をしっかりと発信し、それを理解している人が少なからずいるようだ。岩黒島は瀬戸大橋架橋後に漁師のおかみさんがとれたての魚の料理を売り物にして開業した民宿が人々を引き寄せ、現在に至っていると聞いた。宿泊業は島の観光の基礎であり、現在保持できている島は情報発信等で宿泊所が存続するように。努めてほしい。

## 4. 島の郷土料理～茶粥～

### (1) はじめに

　私は元々お茶に興味があり、初めてゼミ生で行った志々島で、碁石茶と出会った。志々島には志々島とその近隣の島にしか残っていない食習慣がある。それは古くから伝わる碁石茶で作られる茶粥を主要な食事にする事である。志々島の碁石茶は飲料として使われるのではなく、茶粥専用のお茶として親しまれている。碁石茶というのは生産地の高知県大豊町での呼び方であり、志々島では碁石茶はその形から「かたまり茶」や「馬のくそ」と呼ばれていた。碁石茶が手に入る島で唯一の商店を上田良和さん、富子さん夫妻が営んでいて、そこでは碁石茶が1袋500グラム入りで売られているのだが、値段は約1,000円ほどした。

### (2) 茶粥と碁石茶

　日本には遣唐使が7世紀ころ中国の団茶を持ち帰ったとの説がある。（高知市歴史散歩より）奈良地方でも茶粥が古くから食せられる、鎌倉時代には僧侶の間で食され、後に庶民に広まり、昭和30年代頃までは「奈良の朝は茶粥で始まる」といわれるほど、どこの家庭でもよく食されていたそうである。（ぴこねっと生粋市場郷土料理より）

　茶粥とはその名の通り、お茶で炊いた粥のことであり、素朴な料理である。茶粥文化は中国から渡来し、奈良、京都へと広がり、瀬戸内海へも伝わってきた。

　志々島の茶粥は碁石茶を煮出し、調味料なしで米と芋や豆を入れて煮

込んだシンプルなもので、米も水道水も無かった貧しかった時代に漁村が生んだ食べ物である。茶粥は煮出したお茶に、米を入れて中火で15分程炊く。水道が普及する以前は井戸水を使っていたのだが、島の井戸水には多少の塩分が含まれていて、碁石茶を使った茶粥には最適であり、島の人たちは塩分を含んでいることを気にしなくて済んだのである。昔、高見島や佐柳島は一粒の米も生産しなかった。麦を唯一の産物としていたが、それを売って生活必需品を買わなければいけなかったので、麦ばかりの飯さえも食べられない家が多かった。茶粥に雑穀や芋などの穀類を入れ、増量させていた。茶粥ではすぐにお腹が減ってしまうので1日に4回食べるのが普通だったようである。

## （3）碁石茶について

　碁石茶は、高知県大豊町の山間地で栽培されており、四国の山地で数少ない農家が生産しているお茶で、瀬戸内では碁石茶は飲料として使われるのではなく、茶粥専用のお茶として親しまれている。

　碁石茶の作り方に見てみる。（碁石茶の歴史と民俗より抜粋）

① 　茶摘み

　ネギツキエンとツバキエンという山茶2種類を混合使用する。6月末から7月初めの3、4日間で2年目のもののみ摘み採る。

② 　蒸す

　蒸し桶の底にスノコを入れ、中心に竹の芯を立てる。1つの桶に束ねたままの茶葉を入れ、全部入れ終わると芯を抜き、蒸気の抜け道を作る。1時間半蒸し、出た茶汁は取っておき、細菌発酵で使う。大型の天秤で吊り上げて、台車で運び、束ねてある枝を振って冷まし、不純物を振り落とす。

③ 　寝かせる

　蚕室に筵を敷き60cmの厚さに冷ました茶葉を積み、上から筵をかぶせ、外気が当たらないように1週間広げておく。3日で発酵が始まり、4日目から1日1、2回手で温度を確認する。手がはっと熱く感じるよ

うになると、筵の上から手で押さえて発酵を抑制する。5、6日したら1日3回足で踏んで完全に発酵を止める。茶褐色から黒味を帯びた色になる。そうすれば、上の筵を取り除いて、手前から葉をほぐし熱を冷まし、不純物をさらに取り除く。

④　漬けこむ

漬け桶に茶葉を底から30cm入れ、取っておいた茶汁をひしゃくに3杯入れ、足で踏み固め、厚さ15〜20cmに圧縮する。これを6、7回繰り返し、口から15cmまで漬け込んでいく。蓋をのせ、漬け込んだ茶葉と同じ重さになるよう重しの石をのせ、10日〜2週間嫌気性の乳酸発酵させる。この時点で収穫量の3分の1になっている。

⑤　絶つ

タチ包丁で定規をあてて縦に25cm角に切り、鎌のようなもので漬け込み時の層ごとに取り出す。ブロックを厚さ10cmに分け、茶切り包丁で1寸角に切り、手で厚さ0.5〜1cmに裂く。一斗桶に入れ足で踏み、揉んで、粘りをつけ、角を取る。再び、漬け桶に入れて1日2回茶葉を踏んで雑菌を防ぎ、晴天を待つ。

⑥　乾かす

真夏の晴天で乾かす。午前4〜5時から筵に置き始め、夕方に筵をたたんで屋内にしまう。4日目に茶の内部の湿気を表面に出すためにシートの中に入れて休ます。5日目にもう一度天日に干して完全に乾かす。

⑦　俵詰め

既製品の茶袋に37.5kg詰めて出荷する。崩れた茶はふるいにかけて良いものを価格を半額にした「こな茶」として出荷する。

霧が多く気温差があり日照時間が長く、お茶の生育に適しているところである。6〜7月に茶葉を刈り取り、蒸し桶に1時間半蒸す。寝かせて自然発酵（1次発酵）させて、さらに漬物のように漬け桶に漬け込み20日程醸成発酵（2次発酵）させて、晴天の日に3日間天日干しし、俵詰めする。好気性カビによって発酵させる作業と、漬け桶のなかで嫌気性バクテリアによって発酵させる漬けこみ作業がポイントであり、強制

発酵を2種類もするのである。

　碁石茶の名前は、製造過程の乾かすという過程いで重なった茶葉を碁盤のように切って干すので碁石茶とか、固まっているのでかたまり茶とも言われる。碁石茶には、コレステロール値を正常にする抗酸化作用などが証明されており、お腹にやさしい食べ物である。

　碁石茶は作っている地域では飲まれず、すべて瀬戸内へ出荷していた。仲買人が香川県の琴平、多度津、坂出などのお茶屋に卸す、また、仲買人兼生産者が瀬戸内の島々へ直接売って歩くという2つの販売経路があった。新茶は香りがよく、1年前に仕入れた碁石茶は色がよくなっているので、旧茶と新茶の5対5のブレンドで売られている。

　私達は高見島を訪れた時、宮崎さん宅に招待していただいた。その時初めて茶粥を食べたのだが、塩など味付けは一切なく、碁石茶とお米だけで炊いている。濃い茶にご飯を入れたような味であった。一緒に食べた学生の中には、うまみ成分があまり感じられない味、好んでは食べたくない好き嫌いがありそうな味という感想を持ったようだ。飲んだことのない人が飲むと飲み続けたいと思うほどの味ではないらしい。しかし、島の人達は碁石茶で作った茶粥を長年食べ続けていて、やめられなくなると言っている。

　高知県の山間地の特殊な製法の碁石茶が瀬戸内海の島と結び付いて特殊な郷土料理になっている。両者を結んだ文化交流についてはまだ不明なことが多い。

## 5.　大岩信仰と櫃石島

### （1）はじめに

　櫃石島は、島名にも入っているように、「石」との関わりが深い島である。元々瀬戸内海には花崗岩が多く、この石の特徴として、大岩を作りやすく、建築に使いやすいということで、「石材の島」の一つとして櫃石島は知られていた。それを示すことの一つに徳川幕府による大阪城再築の際に石垣用に切り出されたとされる場所が確認されている。

## （2）櫃石島の石の伝説

　しかし石材の島であると同時に、石に対する信仰も非常に強い島であり、数多くの伝説が語り継がれている。例えば、島の名前の由来となった「櫃岩」には、源平合戦の屋島の戦に敗れた平家の武者が宝を隠し、三人の官女を預け島の人々が守り抜いたとする言い伝えがある。また、伊勢参りに出かけた人が拾って帰った石が、きいきいと鳴きながら大きくなったとされる「きいきい石」伝説など、他にも不思議で面白い内容の言い伝えが残っている。

　ではなぜ櫃石島には、このような石に対する一種の信仰といえるようなものが生まれたのだろうか。石に恵まれた環境であったこともももちろんその要因の一つであるが、ここでは、人間の内面的なものに注目して考えたいと思う。

　それを考える上で重要になってくるのが自然物崇拝という考えである。全てのものに命や魂があるとするアニミズムは、日本語で「精霊崇拝」、「汎霊説」と訳され、日本の宗教の一つの起源として考えられる。このアニミズムでは、特に不思議だと思うものに対して信仰心を抱くということが見られる。例えば、ものすごく大きな木があるとする。すると人々はこの木には不思議な力があるのではないかと思い始める。そして、その不思議な力を自分たちにも分けて欲しいという気持ちから、その木を信仰の対象とするのである。

　大岩に対する信仰もこのアニミズムの一種である。つまり、昔の島民が島に多く存在する石に何らかの強い感情を抱き、それが信仰に結びついていったと考えられる。

　ここで、言い伝えの内容を見てみたい。まず一つ目の例として「日本武尊伝説」を取り上げたいと思う。島の近くの海で人々を脅かしている悪魚がいるのを聞きつけた日本武尊（ヤマトタケルノミコト）は、これを退治した。その退治した場所にあった石が「氏神石」として祀られているということである。

　日本武尊は日本神話の中でも最も武力に優れた英雄の一人である。そ

んな偉大な人物が悪魚を退治した場所というのは、他とは違う特別な場所となり、特別な力を持っているのではないかと考える。特に偉人が戦った場所というのは偉大な力を有する場所といえるのではないか。そして、その偉大な力を分けてもらいたいという気持ちが生まれ、その場所となった石を祀るようになったのではないか。

　二つ目の例として、「銭噛石」の言い伝えを見てみる。この言い伝えの内容は、島の生活が豊かにならない原因は山の中にあると告げられた島民がそれを探しに山へ行き、石を発見する。そしてその石を落とすと島は栄えたというものである。この中で注目するのは、石の形である。この石は亀が山を這い上っているような奇妙な形をしている。先ほどの考え方を用いると、この「奇妙な形」がある意味衝動的なものを与え、人々に、もしかしたら不思議な力が宿っているのではと思わせ、この石を信仰の対象に導いていったと考えられる。

　このように、異なる種類の内容であった二つの言い伝えであるが、どちらも人間の内面的なものと関わっているといえる。つまり、凄い！不思議だ！という直観的なものと自分たちも力を分けてもらいたいという一種の願望が石と人を結びつけ、「信仰」という形として現れている。

　なぜ信仰が生まれたのかについては上記のように説明してきたが、なぜ今日に至るまで信仰が途絶えることなく受け継がれてきたのかについて考えたい。

　様々な理由が考えられるが、私は特に言い伝えに注目したい。櫃石島の言い伝えを読んでいて感じたことは、ユーモアがあって面白いお話が多いということである。先ほど挙げた「銭噛石」のお話は私のお勧めである。ただ事実だけを伝えるのではなく、物語をつけることで人々になじみやすいものになると思う。また、なじみやすさから、信仰をより身近なものに感じさせてくれるようにも思う。こうした物語のもつ性質からも、信仰の継承性を考えることができる。

　櫃石島に人が住み始めたのは縄文時代であり、そこから数えると石と人との共存の歴史はかなり古いものであることが分かる。そしてその長

い年月にも関わらず、今もなお信仰がよく見える形で残っているのが櫃石島である。これからも、物語と共に信仰を大切に守り続けて欲しい。

# 6. 島の自動販売機事情

## （1） はじめに　なぜ「自動販売機」なのか

　「島」の活性化や観光について研究しているとはいえ、私たちが研究対象としている「島」とは、小豆島のようなインフラの整備が進んでいる島や、「芸術」という特定のジャンルに注力することで、ある程度の活性化を成し遂げた直島のような島ではない。少子高齢化が顕著に進展し、人口減少に歯止めがかからなくなってしまった、いわゆる「過疎」の島が私たちの研究対象なのである。

　このような島で大きな商店の展開は期待できない。やはり1つの店を運営していくにはヒト・カネ・モノが必要となり、過疎化の進む島で手広く経営していくにはリスクが大きすぎる。夏場の観光やフィールドワークでは特にのどが渇いた。せめて自動販売機はほしいと思った。そんなとき思いが、このレポートを思いつかせた。

　今回は私が訪れた志々島、粟島、櫃石島、高見島の4島をピックアップし、比較してみる。

## （2） 志々島

　島のシンボルである「大楠」が有名なこの志々島。数年前には映画「機関車先生」のロケ地にもなり若干の注目こそ集めたが、現在過疎化が著しく進んでいる。商店はあるが、自動販売機はなかった。調査の結果、数年前まではあったようだが、今は跡形もなく撤去されている。道の険しさと相まって、観光客にはつらい整備状況といえるかもしれない。対照的に思えたのが商店の存在である。派手な商店とは言えないが、お茶や簡単なお菓子は販売しており、十分にその機能は果たしていた。ただし、切り盛りしているのがお年寄りご夫婦ということもあり、簡単にサービスのキャパシティをオーバーしてしまうと考えられる。

　なお志々島は現在、マーガレット栽培による「花いっぱい運動」を展開している。いつの日か活性化と結びつくことを信じて、私たちも関わっていけたらと思う。

## （2）粟島

　緑色に塗られた壁が印象的な旧国立海員学校。この建物がシンボルとして存在する粟島は、志々島に比べると近代化の匂いを感じられる。商店も自販機も存在した。家庭用冷蔵庫にジュースが入っている様子は島ならではと感じさせた。また商店ではお菓子やレトルトカレーなども販売しており、十分機能していた。また旧海員学校のとなりに『ル・ポール粟島』という宿泊施設があり、ここに自動販売機がある。建物自体も非常に近代的で、ここは公民館としても機能しており、観光面で一通りのインフラは整備されていると言える。

　だが、観光地として見たとき、この旧海員学校と瀬戸内海の風景が島の観光資源である。

## （3）櫃石島

　瀬戸大橋を降りてこの島に入るとき、島民専用のゲートをくぐることとなる。「誰でも彼でも島に入れない」という考えがそこから読み取れる。観光地となるには、ある程度対象や人数を絞る島の人のアイデアが必要なようだ。

　一通りインフラは兼ね備えていた。商店も自販機も島にはあった。というのもこの島には子どもたちが数人おり、島の将来を担っていく存在として大切に育てられている。ここが今回取り上げる他の島とは異なる点だ。つまり過疎化が進んでいるとはいえ人口構成がいびつな偏りを見せていない。ただ、この島の子どもたちはほとんど岡山に買い物に行くらしく、岡山との結びつきが強い。自販機は漁協の前に、商店は島内にいくつか存在した。

## （4）高見島

　ほとんどの時間を島のおばあちゃんとの会話に費やした高見島での
フィールドワーク。まだ新しい小学校が使われていない状況をみると、
つい最近、少子高齢化のあおりを顕著に受け始めたということが読み取
れる。商店はなかった。私たちが交流した宮崎さんという老婦人の場
合、本土に住んでいる息子さん夫婦が食材や日用品を月に数回届けてい
るという。自販機はあることにはあるがまったく稼動していなかった。
モデルとして並べてあった缶ジュースのパッケージがかなり古いもので
あったことから、もう何年も動いていないということが読み取れる。

## （5）最後に

　いずれの島も過疎化は顕著であり、すぐ改善される状況でないという
ことは明確だ。特徴ある観光資源もそれほど多くない。島の飲料用自動
販売機は島の観光の程度を考えるメルクマールになると考える。住民が
自販機を利用する度合いは少なく、島外から来た観光客が利用すること
になる。自販機には補充などの定期的な補充が欠かせないことから、輸
送費や人件費のコストをだすして利益があるだけの販売があるかどうか
が判断の基準になるのではないだろうか。そういう意味で広く自販機の
存在に着目すると島の観光客の現状を推測できると強く思っている。

## 7. 丸亀市本島笠島地区の重要伝統的建造物群保存地区とこれから
##  　の在り方について

### （1）はじめに

　本島を訪れた際、古めかしくも伝統的な木造家屋ときれいに整備され
た道を見て美しく素晴らしい景観だと素直に思った。しかし同時に島民
の少なさとひっそりとした島の雰囲気にはやや似つかわしくない景観だ
とも感じた。立派な建物とそこで暮らす人々の間にどこか違和感を感じ
たことやその後調べていく中で塩飽諸島の歴史、本島の笠島地区にある
重要伝統的建造物群保存地区（以下重伝建地区）のことを知っている人

はどのくらいいて、どれくらいの人がこの地区を訪れているのだろう、どうすればこの島のことをもっと知ってもらえるだろうと感じたことなどが今回のテーマのきっかけとなった。

## （2）重要伝統的建造物群保存地区について

　まず伝統的建造物群保存地区（以下伝建地区）について説明していく。伝建地区とは「伝統的建造物群及びこれと一体をなしてその価値を形成している環境を保存するため、次条第1項又は第2項の定めるところにより市町村が定める地区」（文化財保護法　第142条）をいう。さらにそのなかでも重伝建地区とは「文部科学大臣は、市町村の申出に基づき、伝統的建造物群保存地区の区域の全部又は一部で我が国にとつてその価値が特に高いものを、重要伝統的建造物群保存地区として選定することができる」（文化財保護法　第144条）というものである。この制度により周囲の環境と一体をなして歴史的な風致を形成している伝統的な建造物群を、新しいカテゴリーの文化財として捉えることになり、単体ではなく複数の建築物群が構成する空間環境が文化財として認められるようになったのである（伝建協HPより）。この制度が成立するに至った背景は1960年代の高度経済成長期にさかのぼる。この時期は山は切り開かれ、海が埋め立てられるなど開発に開発を重ねており、それこそが豊かになっていく実感を味わえるものであった。しかしそれと同時に田畑が無くなり家が建て替えられていくことで身近な環境にも変化が及んでいることを実感していた時期でもある。そのころから新しい風景の出現とともに失われていく地域の自然や歴史を守ろうとする動きが始まることとなる。

　その一つとして1966年に古都保存法が制定された。日本を特徴づける古都を守ることが景観保全の始まりとなる。その後金沢、倉敷など誰もが歴史性を認めることができる建築物のある各都市でも町並み保全の意識が高まり自治体独自の条例がつくられるようになり、その後無名の町並みも守ろうという動きに発展し、1974年の全国町並み保存連盟の発足に至った。そして翌年の文化財保護法の改正へと続いていく。

## （3）現在の重伝建地区と本島笠島地区について

　2009年12月現在、重伝建地区は北海道から沖縄まで全国に74市町村86地区存在しており、大きく分けて山村、農村等の集落・宿場の町並み・港と結び付いた町並み・商家の町並み・産業と結び付いた町並み・茶屋の町並み・社寺を中心とした町並み・武家を中心とした町並みの8つに分類できる。このなかで笠島は港と結び付いた町並みに属し、笠島を含め12地区に及ぶ。その中でも島に重伝建地区があるところは、新潟県の佐渡島と広島県の大崎下島と長崎県の的山大島と香川県の本島、沖縄県渡名喜島、竹富島などであることから、非常に珍しく貴重な島である。

## （4）塩飽諸島における本島の歴史について

　塩飽諸島というのは岡山県と香川県の間に挟まれた備讃諸島の中央部に点在する島々の総称である。具体的には櫃石島、本島、牛島、高見島などまだまだ数多くあり各島の属島まで含めるとその数は28にもなる。中世になって荘園が多くなるとそれらの年貢を運ぶために海港が発達するようになる。治承年間のころになると、造船技術はかなり進みその頃の造船技術を代表する土地として塩飽本島は有名になり、また海賊衆の根拠地でもあった。このように自分で船を造って操作し、いつでも人とモノを運ぶことができる海運力は、塩飽に繁栄をもたらした要因の一つであった。塩飽の海賊衆は織田信長との信頼関係を土台に豊臣秀吉のためにも力を尽くした。小田原の北条氏征伐の際にも台風に遭いながら糧米全部を小田原に送り届けたことが評価され、塩飽の島びとたちに1,250石の地を領地させた。当時領地を持っているものは大名、小名に限られていたが士分ではない彼らは自らを人名と呼んだ。

　人名制では人名は彼らの中から4人の年寄を選び、この年寄が一切の政治を掌握しその下に年番、庄屋、組頭があって年寄を助けて政務を分担していた。この統治の形式は廃藩置県により倉敷県に編入されるまで存在していた。

　江戸時代には、水軍としての存在意義が薄れ始めた塩飽の人々は、国

内で商品の流通が活発化していることに乗っかかり回船業を営むようになる。塩飽の船舶は堅牢であり、水夫は御用船方として技術の優れていることに定評があったので、幕府からとくに多く採用された。西回り海運が開けたことにより塩飽からは多くの回船業者が出現して、塩飽の黄金時代を作り出した。

　回船業が衰え始めるころから農業に生きるものや大工を職として出稼ぎするもの、漁業に専業するものなど塩飽衆の転業分化が速い速度で行われるようになった。塩飽にはもともと船大工が存在していたが、造船や船舶の修繕の需要が少なくなり、取得した技能を家大工という形で発揮したのであろう。そうして造られた家々が現在まで残る笠島地区にある重伝建地区である。（以上「塩飽の島びとたち」一部引用）

　ここまでは重伝建地区の希少性や塩飽諸島の輝かしい歴史を辿ってきた。しかしこのような歴史ある建物はお金をかけて保存、修理していかなければ長年保つことができない。次からはこの地区内の建造物の管理システムや費用体系についてみていく

## （5）伝建地区の維持システム

　伝建地区の整備とは大きく分けて5つある。1つ目には伝統的建造物の修理・伝統的建造物以外の建造物の修景、2つ目に伝建地区内の防火施設等の整備、3つ目に伝建地区内の管理施設等の整備、4つ目に伝建地区内の環境整備、5つ目に伝建地区の助成措置などである。これらの整備内容の中には消火栓・自動火災報知機の設置、町並み保存センターの整備、道路・街灯・公園などの基盤設備の整備なども含まれている。

　費用の面を見てみると一つの例ではあるが、「修理、修景経費についての所有者等への補助の内容は、市町村が独自に決定しているが、補助対象は外観（密接な関係がある内部―構造体など―を含む）にかかる経費とし、修理の場合は2/3から8割程度、修景については6割から2/3程度の補助とするところが多く、その限度額は修理については1件あたり6百万円から8百万円、修景については4百万円から6百万円程度が多

くなっている」（刈谷　2008）ということである。

　固定資産税の免除や市町村の独自の税の減免措置を行っているところもあり、また国や地方自治体から助成金が出ているとはいえ結果的に一つの地区を保存していくことには多額の費用と多大な手間がかかるということが分かる。

## （6）重伝建地区とこれからの笠島地区について

　これまで説明してきた内容を含め、ここからは重伝建地区は笠島に本当に必要で守るべきものなのか、またこれからどのように活用していくべきなのかについて考えていく。

　まず重伝建地区を持ち続けるメリットは何であろうか。一番のメリットはというと「日本の文化遺産また、観光資源になりうる」という点であろう。島のような面積が狭く、周りが海に囲まれており、少々不便で人口の少ない場所にはあまり人は訪れようとしない。仮に人々が訪れるとするならば、その場所に何らかの目的がある場合だと考えられる。笠島地区において重伝建地区はその目的となりうる場所であるといえる。昔ながらの建物に興味がある人、歴史に興味がある人、町並みに興味がある人、こういう人にとっては島を訪れる動機となる。また島民にとっても島外の人が訪れてくれることで外部との交流が図れ、町の活性化にもつながりリピーターの獲得にもつながることで島の衰退に歯止めをかける一つのきっかけになるのである。

　しかし、同時に考えていかなければならない問題も存在する。それは先ほども述べた修理・修景など文化財を保存するためにかかる費用と手間である。この費用の多くは国や市町村が負担しているわけだが、果たして建物ばかりにお金をかけることが今、この笠島に必要なことなのだろうか。確かに島にとっても日本にとっても後世に残していくべき文化財なのかもしれない。また伝統的建造物は一個人の家屋であるためいつまでも残していきたいという気持ちもあるだろう。しかしながらこの島には過疎化という真剣に考えていかなければならない問題が差し迫って

いる。平成22年4月1日現在丸亀市本島町笠島の人口は136人であるが5年前の平成17年には177人もの人が住んでいたのである。この問題を抱えながらもなお建物や景観にお金をかけ続けるべきなのであろうか。仮に保存をやめるとなるとその費用は他の施策に対する費用には回らないであろうから、保存を続けるほうがこの地区にとってはメリットが大きいのかもしれない。ただもし費用を違う施策に回すことができるなら島人の生活はさらなる充実につながる可能性があると思う。

　ここまでの話になると、笠島だけの話ではなく、国レベルで伝建地区の見直しにもつながってくる。つまり、伝統的な建造物を保存することは非常に大切なことである。ただ、それ以上に一刻でも早く考えなければならない問題がある以上上手にバランスを取りながら様々な施策に目を向けて費用と手間を使ってほしいと思う。その中で笠島は過疎化という地方や島共通の問題があるわけなので、きれいな島を保存しつつ人の集まる明るい島になっていくことを願っている。

## （7）さいごに

　私自身笠島の取り組みに反対しているだとか、伝建地区を廃止すべきであるというつもりは毛頭ない。むしろ実際に笠島に行ったことで自然と調和した家々は非常に美しく、まさに癒しの島という印象を受けた。また取り組み自体も昔ながらの家に泊まってもらえるようにしたり、アートと家屋のコラボレーションをされていたりと非常に面白いと感じた。しかしだからこそ、この島をどのようなコンセプトでどういった方向性に進んでいくのか、過疎化の問題にどう取り組むのか、この島にとって重伝建地区は本当に必要なのか、どう活かしていくのかについて島民だけでなく、県民や国民が関心を持って改めて考えていかなければならないのではないかと思う。

## 8. おわりに

　2年間のゼミを通じて、小豆島、志々島、粟島、佐柳島、高見島、伊

吹島、櫃石島、岩黒島、与島と出かけた。島々で興味ふかいものを探し、外へ発信するためのレポートを書くという演習を行った。学生の見つけた報告の一部をここに示した。紙幅の関係で示すことができなかったレポートもある。島嶼部の人口減少、島の学校の廃校と人口の関係、櫃石島の島人の意識、島の交通路、等のレポートがあったがここでは割愛した。

　島で人に住み続けてもらうことはかなり困難な問題になっている。観光というツールをどのように使えばいいのかという問題意識で島という地域に切り込んだ演習であった。学生にとっては問題が大きいだけにどのように切り込むか考えることが続いたゼミであった。

## 参考文献・参考URL

上田勝見・阿部日吉（1984）『瀬戸内海志々島の話』、讃文社

香川県『本四架橋に伴う島しょ部　民族文化財調査報告』（第１年次）

国際基督教大学教養学部社会科学科人類学研究室（1995）『瀬戸内・高見島の生活誌』

刈谷勇雅（2008）『文化財建造物　保存と活用の新展開』

財団法人日本離島センター『離島統計年報』

小浦久子（2008）『まとまりの景観デザイン』学芸出版社

兵庫県立大学経済経営研究所『離島の超高齢地域社会について』

よねもとひとし（1998）『塩飽の島びとたち　平成10年』、星雲社


「さぬき瀬戸しまネッ島」http://www.pref.kagawa.jp/kanko/seto-island/index.htm

「山陽新聞」http://www.sanyo.oni.co.jp/kikaku/nie/kiji/2009/2

「島絵音己」http://www.geocities.jp/jibunbun2000/k/kagawa/takamijima.html

「じゃらんホームページ」http://www.jalan.net/ikisaki/map/kagawa/index.html?vos=njalovtwa

「全国伝統的建造物群保存地区協議会」http://www.denken.gr.jp/

「文化庁」http://www.bunka.go.jp/index.html

「マップル観光ガイド」http://www.mapple.net/spots/G03700058905.htm

「ようこそ粟島へ」http://homepage.mac.com/silentkids/

# 第3章　小豆島遍路：スピリチュアル・ツーリズムの視点から

大賀　睦夫、大賀ゼミ

## 1. はじめに

　現代は「こころの時代」と言われ、四国遍路が注目を集めている。近年は信仰心篤い人々のみならず、宗教とは無関係・無関心という人々もお遍路さんとして四国にたくさん来るようになった。宗教動機ではないお遍路さんにとっても、四国遍路は、少なくとも魂の旅、スピリチュアル・ツーリズムではあるようだ。わが国の重要な文化遺産である四国遍路は、観光資源としても、これまで四国の観光の重要な一翼を担ってきた。

　その四国遍路に劣らぬ歴史と魅力を備えた遍路が小豆島に存在する。江戸時代からおそらく何百万というお遍路さんが小豆島を訪れ、救いや癒しを得てきたであろう。近年、その島遍路にも高齢化の波が押し寄せ、今やそれは存亡の危機にあるという人さえいる状況である。島遍路は観光の島・小豆島のシンボル的存在であり、歴史や文化を大事にする島の人々は、小豆島遍路の衰退を心から憂いている。

　地域社会のつながりが密であった時代には、お遍路さんは大師講のようなもので組織されていたが、そのような人々はほとんどが70歳以上の高齢者になっており、次に続く世代がいない。小豆島遍路も時代の変化とともに変わっていかざるをえないであろう。大賀ゼミでは、小豆島遍路という貴重な文化遺産の次世代への継承、観光資源としての小豆島遍路の可能性というテーマを設定して、ゼミとして何ができるか考えることにした。

　お遍路について何も知らないものが小豆島遍路活性化の知恵を出せるわけはない。まずは小豆島遍路を実際に体験するところからわれわれの研究は始まった。小豆島遍路は歩けば約一週間かかる。小豆島霊場会は、日帰り遍路のコースを8つ設定しており、平成21年度は、このう

ちの6つのコースを実際に歩いた。その内の2回は、霊場会が主催する「ふれあい大巡行」への参加であり、その際には島内外のお遍路さんやお接待をしてくれた島の方々と交流し、貴重な情報を入手することができた。また、歩き遍路と比較するためにバス遍路も1回体験した。島遍路について調べていくうちに、ボランティアで遍路道の整備を行なっている団体があることを知り、当ゼミでもその活動に参加して一日遍路道整備体験をした。

　平成22年度は、主に小豆島遍路から何を学ぶか、小豆島遍路にどのような貢献をなしうるかをテーマに活動した。小豆島遍路についてさらに詳しく知るために土庄町の図書館で情報収集をしたり、霊場会や寺院へのインタビューを実施した。また、香川大学版小豆島一日お遍路を学生だけで企画・実施した。これには香川大学の学生のみならず小豆島の人も参加してもらい、交流を深め、小豆島遍路の振興について話し合った。

　今、島四国のお遍路さんは非常に高齢化しており、60歳代の「若手」に来てほしいと言われているような状況である。そのような中で大学生が遍路に注目し、小豆島の歴史や文化について学び、実際に歩き、さらに一日お遍路を企画するといった活動を行なっていることは、島の遍路に関心をもつ人々からは大いに歓迎されている。ただちにお遍路さんの増加につながらないとしても、将来のための種まきのような意味はあるのではないかと受けとめられている。ぜひとも継続的に関わってもらいたいという要請を受けている。

　以下では、この2年間の活動をさらに詳しく紹介したいと思う。

## 2. 平成21年度の活動について

　平成21年度の演習では、お遍路をする人は精神的に何を得ているのかを実証的に明らかにしたいということを問題意識とし、「島のスピリチュアル・ツーリズム」というテーマで小豆島の島遍路の研究を行ってきた。方法としては四国遍路や空海、小豆島、瀬戸内海といった小豆島遍路に関わる幅広い分野を文献や映像資料を用いて学びながら、同時並

行でフィールド学習として計7回の小豆島遍路を体験してきた。

　この章では、後者のフィールド学習を中心に述べていくこととする。


## (1) 遍路道の各「コース」紹介

　ここでは、計7回の小豆島遍路フィールド学習のうちバスを用いて
行ったお遍路の1回分を除いた、6回分の歩き遍路について体験してき
た日時順にコースの概要を述べていきたい。なお、以下で用いる「コー
ス」とは、小豆島霊場会が定めた一日小豆島遍路の8「コース」のこと
である。また、第1コース及び第2コースは巡っていないので今回は省
略することとする。5月10日の第3コース及び9月13日の第4コースは
「小豆島ふれあい徒歩大巡行」という小豆島霊場会主催の行事に参加し
たので、ゼミだけで巡ったのは第5～第8コースの計4コースである。

### ＜小豆島遍路第3コース＞

　初めてとなる5月10日（日）の小豆島遍路は「小豆島ふれあい徒歩大
巡行」という小豆島霊場会主催の行事に参加し、小豆島の北部に位置す
る奥之院・三暁庵、番外霊場・藤原寺を含む全9か所を打つ小豆島遍路
第3コースを巡った。

　第80番・子安観音寺は、昭和28年の本堂客殿の再建を発願し、完成間
近に焼失したことから不運を詫びて始めたという「うどんの接待」を
受けることができることから「うどんの寺」ともいわれている。また、
「本堂は小豆島一」といわれるように大きく、立派であり、境内にある
稚児大師像は寺の外から見ても確認できるほど大きな大師像であった。
第81番・恵門ノ瀧への道のりは第3コースで一番の険しい道であり、約
1.3kmもの山道が続く。ここでは、洞窟の中にあるお堂で太鼓のリズム
に合わせて般若心経を唱えたり護摩焚きをしてもらえたりと、非日常的
な神秘的体験ができる。

### ＜小豆島遍路第5コース＞

　ゼミだけで初めて行った5月17日（日）の小豆島遍路は、天気の都合
により当初予定していたコースの一部しか巡ることができなかった。

　第9番・庚申堂の本堂はかなり老朽化している。鎌倉時代に創建された内海八幡宮の別当寺の本尊を明治時代にここに移したという。第2番・碁石山への道のりは難所のひとつに数えられるほどで急斜面の山道が続いた。しかし、碁石山からは小豆島の街並みや瀬戸内海の美しい景色を見下ろすことができた。そして碁石山を出て、山沿いの道を10分ほど進むと第1番・洞雲山に着く。本堂は崖の洞窟の中に造られており、立派な毘沙門天が祀られている。ここは昔、山岳崇拝の霊地であり修験山伏が修行した山であったという。

### <小豆島遍路第6コース>

　3回目となる6月7日（日）の小豆島遍路は寒霞渓から南側の第6コース約8kmの道のりを巡った。

　第20番・佛ガ滝では洞窟のような所に御本尊の薬師如来が安置されている。小豆島霊場で最も高い場所に位置する第14番・清滝山も佛ガ滝と同じように洞窟の中に本堂がある。本堂からさらにトンネルのような所を抜け、急な階段を登ると不動堂があり、その奥に不動明王が安置されている。寒霞渓の一隅に位置する第18番・石門洞のすぐ側には、その名前にもあるように自然にできた石の門があり、それを間近で見るとかなりの迫力を感じた。

### <小豆島遍路第4コース>

　4回目となる小豆島遍路は9月13日（日）の「小豆島ふれあい徒歩大巡行」に参加し、小豆島の東部に位置する第4コースを巡った。

　第82番・吉田庵から第83番・福田庵までの道のりは海沿いの道路もあるが、今回は山道を歩いた。福田庵は民家のような建物で、近隣の女性が交代で堂番をしている。第1番・洞雲山から順打ちすれば結願となる第88番・楠霊庵は急な階段を登れば楠の大木で建立された堂庵がある。ここから第12番・岡ノ坊までの道のりはこの日2度目の山越えであった。

### <小豆島遍路第7コース>

　5回目となる10月25日（日）の小豆島遍路は草壁港から池田港までの小豆島の南部の第7コースを巡った。

　第28番・薬師堂は「餅の庵」として知られ、お遍路シーズンには村の人たちが茶店で草餅を販売しているという。また、薬師堂の近くには「長崎のしし垣」があり、ここからの景色も美しかった。第29番・風穴庵へ行く遍路道では手すりが設置されているが、急な上り坂が多く、とても険しい道のりであった。しかし、遍路道にはいたるところに「同行二人」や「がんばって」などの文字が書かれた札が木の枝に吊るされており、お遍路への気遣いが伝わってくる。この日最後に訪れた第31番・誓願寺では、国指定の天然記念物の大きな樹齢1千年以上ともいわれるとても印象的なソテツの木を見ることができた。

### ＜小豆島遍路第8コース＞

　3年次最後となった11月29日（日）の小豆島遍路は、池田港周辺から北側の第8コースを歩いた。

　ここは山岳霊場が多く、急な坂を30分以上かけて登るのがこのコースの特徴である。また、本堂が山の頂上にある札所からは瀬戸内海を一望でき、11月下旬ごろは紅葉した小豆島を見ることができることから、このコースは小豆島の自然風景を満喫できるコースである。第44番・湯船山には日本名水百選に指定されている清水が湧き出ており、乾いた喉を潤してくれる。また、第47番・栂尾山は岩を穿った道場であり小豆島遍路の典型的な構えであった。


### （2）お遍路体験記

　私達は、一回の経験は百回見ることに勝るという意味の「百見（ひゃっけん）は一験（いっけん）にしかず」をモットーに、以上で紹介した第1コース及び第2コースを除いた計6コースを歩き遍路として体験してきた。また、フィールド学習を通して感じた疑問や発見、想いを、フィールドを行った都度にお遍路体験記として各人が感想をまとめてきた。さらに『瀬戸内圏の地域文化の発見と観光資源の創造』に収録された「学びの場としての小豆島遍路」において、各人が1年間の活動を振り返ってお遍路体験記を新たに作成している。以下、「学びの場としての

小豆島遍路」に掲載したわれわれのお遍路体験記の一部を紹介したい[1]。

・何度も人々の思い遣りの心に触れ、それに対し感謝することの大切さを感じることができた。

・山岳霊場の札所と遍路道は自然を直に感じることができ、特に神秘的でした。隠れた小豆島の魅力はお遍路をして初めて知ることができた。

・普段の生活で当たり前のことが当たり前ではなく、いろいろなものに感謝したり、人の温かさや大切さに気づいたりすることができる。

・年輩の方が厳しい条件にもかかわらず懸命に歩いている姿には感動し、無事に全員が到着したとき、お互い声を掛け合って賞賛した。

・山道を登り切った後の風景は格別であった。風景といっても行く場所で全然違ったものなので見方も変わるし、見え方も違う。

・バス遍路では一瞬で通り過ぎてしまう絶景のポイントも歩きながらじっくり鑑賞することができる。

・般若心経を読んだこと、山道を歩いたことなど普段できないことをお遍路で体験できた。ふれあい大巡行の参加者、札所の人々など多くの人にも出会うことができた。

・自然の中を歩き、人とふれあい、沢山のことを感じ、人間的に成長できた。お接待を受けた時の何とも表現し難いありがたさ、お遍路ならではの神秘性、お遍路を終えた時の心地の良い疲労感と達成感はまさに小豆島遍路をしてみないとわからない。

・お遍路体験を通して、困難を乗り越えるという経験ができる。普段交流する機会のない年齢層の方々と話ができる。自分の成長が目に見えて分かる。

・お遍路の世界と関わりを持ったことで仏教的な思想だけでなく、自然の美しさや自身が健康であることの大切さを知ることができた。

・思いもよらぬ場所で思いがけないものと出会う。これもまた歩き遍路の良さではないかと思う。

---

[1] 大賀睦夫研究室（2010）、第2部7章参照。

## （3）フィールド学習を行って学んだこと

　以上のように、フィールド学習を通してお遍路を実際に体験してみて、各人が様々な視点からお遍路を捉えることができた。そこでは、遍路道や札所から見る自然の素晴らしさ、読経や護摩行を通して感じる荘厳さ、お接待を受けての人々の温かさなど、文献や映像資料を通してだけでは学ぶことのできない、もしくは感じることのできないものを得たと言っても過言ではない。最初は消極的なイメージを持っていても、当初のイメージとは違った小豆島遍路の魅力を、回数を重ねることで感じることができたということが、上記の体験記等の記述からも読み取ることができるからである。以下では、フィールド学習を通して小豆島遍路をどのように捉え、どのように学んだかという事を二つ挙げ、述べていく。

### ＜ツールとしての小豆島遍路＞

　文献などを用いて小豆島遍路を学んでいると、宗教的な観点から書かれた文献が多いために、必然的に宗教的視点から小豆島遍路を捉える傾向になる。しかし、実際に体験すると、小豆島遍路は視点を変えると「小豆島の環境や文化を結びつけるツール」として捉えられるのではないかと考えるようになった。それは、体験記にも数多く記述されていた瀬戸内海や山並みの四季折々の景観や、猿などの動物といった小豆島のハード面と、お接待にも表れているような人をもてなす心という島民のソフト面を、小豆島遍路は結び付けるのではないか。そう考えると、小豆島遍路は「宗教的なもの」として表現するよりも「小豆島の環境や文化を結びつけるツール」と表現する方が適しているのではないかと思う。そして、この小豆島遍路というツールは、小豆島の自然や人だけでなく、観光施設や特産品をも繋げることができ、小豆島の活性化の一翼を担うツールにも成り得るのではないかと思われる。このように、フィールドワークを行うことで小豆島にとっての小豆島遍路の新たな位置づけを一方向からではなく多角的に学ぶことができたと言えるのではないかと考える。

### ＜遍路道の現状＞

　アスファルトの舗装がされていない山道を歩く際は、雨によるぬかる

みはもちろんのこと、落ち葉や木の実が落ちているだけでも足元が不安定であった。さらに、急な斜面を登らねばならない道もいくつかあるが、それらの道が階段のようになっていたり、手すりが設置されていると、とても歩きやすかった。また、何度か間違えた道を進んだということもあり、札所を案内する道標を見つける度にとてもありがたい気持ちになった。それと同時に、お遍路中に足を滑らせた人や、わかりにくい道標を何度か目にしたこともあり、高齢の方や足の不自由な方、初めての方には負担になるのではないかと遍路道の整備不足を感じることもあった。ここでの整備不足とは単にアスファルトに舗装した方が良いというのではなく、手すりを設置し、曖昧な表現の道標を改善すれば歩きやすくなるということである。アスファルトの道ではなく土を踏みしめて歩くからこそ疲労感は軽減され、景観の美しさを味わい、風情を感じることができる。「遍路は道なり」という言葉があるが、体験記には前述した以外にも数多くの遍路道に関する記述があり、お遍路にとっての遍路道の重要性を物語っている。このように、フィールドに出ることで遍路道の重要性を肌で確認できた同時に、現状についても知ることができた。

## （4）平成22年度の活動に向けての課題

　前述したようにこの１年間で、小豆島遍路について関連する文献などを幅広く用いて学び、フィールド学習によって小豆島遍路とはどのようなものかを体験することができた。そこでは、良い面も見えれば、改善すべき部分も見えるなど小豆島遍路についての現状が見えてきたのではないかと考える。しかし、この１年間はゲストという視点から小豆島遍路を捉えてきたに留まり、ホストの視点からは捉えることができていない。小豆島遍路を捉えるためにはホストとゲストの両方の視点から見る必要があり、それができて初めて小豆島遍路の問題を提起し解決に少しでも歩を進めることができるのではないだろうか。次年度は島民とも交流を行いながらホストの視点からも小豆島遍路を捉えることとし、同時に小豆島遍路の抱える問題なども実情を踏まえて考察していきたいと考

えた。以下の章では、平成21年度末と22年度に取り組んだ「遍路道整備事業」、「香大版小豆島ふれあい大巡行」について述べていく。

## 3. 遍路道整備事業

### (1) 経緯

　平成21年3月13日（土）に小豆島遍路の遍路道を守る会「草刈り会」が行っている遍路道整備事業に参加した。遍路道整備事業とは遍路道の安全を守るために行う活動のことで、現在の遍路道は草刈り会によって整備されている。

　小豆島遍路は自動車やバスの場合には車道のみを利用して巡拝することもできるが、歩き遍路が通るための山道も数多くある。しかし、それらの山道の多くは、島民の日常生活においてほとんど利用されることがないため、放っておくと草木が生い茂ったり雨水が蓄積して足場が悪くなり歩くことができなくなる。そのため、草刈り会は歩き遍路が安全に山道を歩けるよう、年に数十日間かけて道の補修や草刈りなどを行っているのである。

　私たちは昨年度ゲストの立場で、歩き遍路6回とバス遍路1回を体験した。ゲストの立場で遍路を経験し小豆島遍路について知ったことで、今後小豆島遍路を守っていく、あるいは小豆島遍路の魅力を多くの人に伝えていくためにはホストとしての活動にも取り組む必要があると考えた。これまで何年間にも渡って小豆島遍路を支えてきた方々の活動とその思いを知り、またゲストの立場では気付かなかった魅力や課題を発見することで、今後の取り組みにつなげていきたいと考えたのがこの事業に参加した動機である。

### (2) 整備事業当日
### <整備事業内容>

　草刈り会が行う整備事業の内容は主に、山道の草刈り、除草剤の散布、山道の補修、手すりの設置の4つである。この中で私たちは山道の

補修を体験させてもらった。

### <作業の流れ>

・山道の落ち葉掃き

　まず落ち葉や木の実を掃いて山道を作業のしやすい状態にした。冬の間に枯れて落ちた葉や木の実をそのままにしておくと、足元が不安定になり転倒する危険がある。実際に私たちは、昨年度の歩き遍路で雨などで濡れた落ち葉やドングリに足を滑らせ転倒、あるいは転倒しそうになった経験があり、落ち葉や木の実の怖さを知っていたので作業中に転倒することがないよう隅々にまで気を配って掃いた。

・雨水の逃げ道をつくる（図表1）

　山道の遍路道では、雨が降ったときに山の斜面を伝って遍路道まで水が流れてくる。雨が降るたびに流れてきた雨水が遍路道に溜まってしまうと足場が緩んでお遍路さんが足をとられたり、土が流され道幅が狭くなってしまうことがある。そのようなことを防止するため、雨水が流れてきても遍路道に溜まることなく自然に下へと流れるように、土を削って雨水の逃げ道をつくるのである。

・階段の補修（図表2）

　遍路道の階段は土を押し固めた上に短く切った木が埋め込まれただけのつくりになっているため、人が歩くたびに少しずつ掘られていき小さな穴ができてしまう。小さな穴でも長距離を歩き疲労が溜まっているお遍路さんにとっては転倒の危険性をもった恐ろしい存在である。また、転倒しなくとも穴につまずいて捻挫などの怪我をすると、その後の遍路にも支障をきたすことになる。

　このように小さな穴であっても土を補充して水平な階段にしていくために、階段1段に対して1袋のセメントを混ぜた土のうを置いた。そして私たちが置いていった土のうの中の土を使って、草刈り会の方が1段1段水平になるように補修してくださった。私たちも階段を水平にしようと試みたが、上手く土を均等に広げることができず、でこぼこな階段になってしまった。草刈り会の方が1段を2、3分ほどで

図表１：雨水の逃げ道づくり　　　　　図表２：階段補修

正確に水平な階段に整えておられる姿を見ると、整備に手慣れている
ことを感じた。

　土のうは１袋約10kgで、この日私たちが運んだ土のうの全重量は
約1.5トンだったそうである。60〜80歳代の構成員が多い草刈り会で
は、毎回土のうを運ぶ作業が最も負担が大きいので、私たちがこの作
業を手伝ったことに対して非常に助かったと喜んで頂けた。


## （3）整備事業を終えて
### ＜整備事業に参加して感じたこと＞
　整備事業に参加して感じたことが三つある。一つ目は、遍路道が地元
の方にとっての文化財であり、整備事業は文化財保存活動といえるので
はないかということである。私たちは歩き遍路をしたとき、一見すると
獣道のような危険に思える道を何度も通ったり、傾斜がきつく岩がむき
出しになっている山道を登ることもあった。しかし、文化財保存活動に
よって足場が整えられていたり手すりが設置されていたおかげで、誰も
が安全に歩くことができた。また、山道を歩いているときに分かれ道に
遭遇しても、道標が置かれているおかげで迷うことなく札所に到達でき
たのである。「遍路は道なり」という言葉があるように、遍路は道なく
しては成り立たない。遍路道を整備することは遍路を守っていくことに
もつながるので、この文化財保存活動は今後も継続して行っていかなけ
ればならない。

　二つ目は、草刈り会の方々に友好的に受け入れて頂いたということである。私たちは整備事業に参加する前まで、これまでずっと遍路道を守り続けてきた方々と小豆島遍路に1年しか関わっていない自分たちがうまく共同作業できるか不安に思っていた。しかし、当日には草刈り会の方々は笑顔で私たちを迎えてくださり、作業のやり方なども優しく教えて頂けた。遍路道の整備は小豆島の人にとって伝統的な行事ではあるが、決して閉鎖的ではなく、むしろ気軽に参加できるボランティア活動といえるものであると感じた。

　三つ目は、整備事業が地元の方にとっての交流の場になっていることである。草刈り会の方々はただ整備をするためだけに集まるのではなく、久しぶりに会う仲間の元気な様子や会話を楽しみに集まるのだという。仲間に会って話ができる整備事業に参加することを、生きがいにしている方もいるのである。

**＜整備事業が抱える問題点＞**

　今回整備事業に参加したことで草刈り会が抱える問題にも気づくことができた。一つ目は、人手不足である。私たちが参加した日は、約200mを十数人で整備するのに約1日かかった。小豆島遍路の全長が約120kmであることを考えると、作業範囲にも限界があることが考えられる。今後も整備を続けていくためには人員の確保が不可欠である。さらに、先述したように草刈り会の構成員の多くは60〜80歳代である。整備では1個約10kgの土のうを何十個も運ぶといった体力的にも厳しい作業も多い。階段の補修など熟練の技術が必要とされる作業ではベテランの構成員の存在が欠かせないが、体力的に厳しい作業を補う若い力も今後の活動では必要となるだろう。

　人手不足や若い世代への活動参加を促すためには、遍路道整備事業の認知度を高めることが求められる。私たちが整備事業の存在を知ったのは遍路を経験してから1年が経過しようとしているときだった。小豆島遍路を知っていても、整備事業のことまでは知らないという人が多いと思われる。今回整備を体験した私たちが小豆島遍路のホストとして整備

事業についての情報発信をするとともに、島内外から遍路を打ちに来る人たちに遍路道がどのような活動によって整備されているのかということを知ってもらうことが解決の糸口になるのでないかと考える。

　二つ目は、経済的問題である。遍路道整備は特定宗教の活動とみなされ自治体からの補助金が下りない。整備を行うためには草刈り機や除草剤、セメントと土を混ぜるための機械、土のう袋、燃料など様々な道具が必要となる。それらの費用は草刈り会の会費だけでは賄えないため、霊場会やお遍路さんからの寄付に頼らざるを得ない状況なのである。

　草刈り会の方に頂いた平成21年度の報告書を見ると、草刈り会は会費と寄付のみで活動していることがわかる。また21年度は黒字だが20年度は赤字と、運営が決して安定しているとはいえないことも考えられる。毎年整備するために必要な経費が50万円近くかかるとなると、会費と寄付のみに頼り続けることは難しいのではないか。遍路道整備事業が文化としての小豆島遍路を守る活動であると認識され、自治体からの補助金を受けることが出来れば経済的問題の解決につながるのではないかと考える。

## （4）これからの整備事業

　昨年度の歩き遍路と今回の整備事業を体験したことで、ホストの立場である草刈り会の小豆島遍路における重要性を感じた。先述したように、今後も整備事業を継続していくためには人的・経済的問題を克服していかなければならない。小豆島観光協会のホームページでは遍路が「島四国霊場」というコンテンツで存在し、小豆島が遍路を観光資源の一つとして位置づけていることがわかる。小豆島が遍路を観光資源として捉えているのであれば、草刈り会の活動に対する支援が必要ではないかと考える。小豆島遍路には、獣道のように続く道や、岩がむき出しになっている山道など徒歩でしか通ることのできない自然道が数多くある。舗装された道だけでなく、このような道を歩くことで自然との一体感や癒しを味わうことができるのが、小豆島遍路の魅力の一つといえる。しかし、整備事業が行きづまり遍路道が荒廃すれば、小豆島遍路の魅力も失われてしまう。

　私たちは今後も整備事業に参加し人的資源となることで、小豆島の文化財である遍路道の保存活動の一端を担う存在になりたいと思う。また次章で述べる「香大版小豆島ふれあい大巡行」で参加者に小豆島遍路をより身近なものとして感じてもらうと同時に、遍路道を守る草刈り会の活動の認知度も高めていきたい。そして、私たちのように遍路道を守る若い力を小豆島に呼び込んでいきたいと思う。

## 4.　香大版小豆島ふれあい徒歩大巡行

### （1）経緯

　平成22年度、大賀研究室の事業内容として「香大版小豆島ふれあい徒歩大巡行」（以下、香大版大巡行と省略）を企画し11月20日（土）に開催したが、当企画を説明する前にそのもとになっている「小豆島ふれあい徒歩大巡行」について説明を加えておきたい。

　「小豆島ふれあい徒歩大巡行」（以下、大巡行と省略）とは小豆島霊場会が年に2回（5月と9月）企画しているイベントで、現在までに26回開催されている。88ヶ所ある札所を距離や巡り易さを考慮して8つのコースに分け、参加者はその中から1コースを選び1日かけて歩く「1日遍路行」を行う。参加費は昼食のお弁当がついて2,000円でコース毎に担当の先達さんが案内やガイドを行っている。歩き遍路は本来1人あるいは少人数で行われるものであって、大人数による巡行に対して違和感を覚えるかもしれないが、1日という限られた時間の中を集団で徒歩巡行できる点は、小豆島遍路が有する手軽さゆえの魅力だと考えている。

　昨年度の教育GP中間発表において、我々は小豆島遍路を体験するゲストの状態を脱却しホストとして関わっていくことを宣言した。これは大巡行を含めた遍路を経験してきたことで、小豆島遍路という文化を守っていきたいと思うと同時にその良さを多くの人に伝えたいと思ったことに起因している。その実践として、先ほど紹介した「草刈り会」の方々との遍路道整備事業があり、今回の香大版大巡行があると考えて頂きたい。

　我々は小豆島遍路に対してひとつの願いを持っている。それは、我々

自身が小豆島をもっと身近に感じてもらうための有効な手段となることである。船以外の移動手段がない小豆島は香川県内にあって県外以上に遠く感じてしまう現状は否めない。小豆島までは高松築港から高速艇で30分、フェリーで1時間程の距離にあるが、30分あれば電車で高松から岡山県の児島までは行けるであろうし、1時間あれば岡山の中心街まで出ることができる。また、瀬戸大橋が香川県に及ぼす人の移動に関する効果は、香川大学学生の出身者に岡山県民が多い点からも容易に推測できるところである。こうした環境の中で、我々は小豆島遍路をスピリチュアル・ツーリズム、すなわち観光の一形態として捉えてみようと思う。そして、香大版大巡業がこれまで遍路を知らなかった人や、知ってはいるが体験の機会がない、一人では不安だという方々の潜在的な需要に叶う存在となり、特に若年層への周知と遍路体験の入り口として機能すればよいと考えている。そして、最終的には小豆島に対する距離感を縮め、小豆島の発展に繋がって欲しいと願っている。

## （2）事業内容

### ＜コース紹介＞

　高松港（8時32分発）⇒池田港→保安寺→佛谷山→西の滝→光明寺→明王寺→池田港（15時30分発）⇒高松港（16時30分着）

### ＜参加者概要＞

　参加者総数25人のうち大学からの参加者は19（5）人、小豆島からは4（2）人、その他2（2）人である。なお女性は括弧内の数で表わしている。

　小豆島からの参加者のうち、女性2人は50と60代で何度も遍路をやられているベテランの方々であった。男性2人のうち、1人は遍路宿の若旦那でもう1人は土庄町立図書館の関係者の方であった。

図表3：コース紹介

## （3）当日の様子

　実際に香大版大巡業の様子を写真と合わせて紹介する。

### 四十一番札所・佛谷山

　山岳霊場でもある佛谷山では洞窟内で護摩（ごま）をして頂いた。護摩とは護摩壇に火を点じ護摩木を投じて祈願するもので、これは外護摩と呼ばれている。暗く狭い空間に火がくべられ、お勤めをすることになったのだが、充満する煙や響く経、太鼓と鈴の音によって神秘性や一体感を覚えるなど、参加者にとって非常に印象深い体験となったようだ。

### 四十二番札所　西の滝（龍水寺）

　西の滝では護摩行のお願いをしていたが、その後お加持も体験させて頂いた。加持とは手に印契を結び、鈷を用いて護摩をたき、真言を口唱して仏の加護を求める儀式であるが、今回は護摩を焚いた後に行った。

　西の滝のご住職は脱サラ後に仏道に入った方であるが、語り口も親近感のわくものであったので、説教は多くの参加者の心に残ったのではないかと思う。

　今回のコースは、コース紹介にもあるように池田港の周りを巡るコースであったため沿岸は道路整備が行き届いていたが、遍路道と呼ばれる所では図表6のようなもはや道とは思えない岩だらけの道が続いている。

図表4：四十一番札所・佛谷山

図表5：加持体験

小豆島からご参加下さった方で1
人、足の弱い方がいらっしゃったの
で非常に苦労させてしまったが、他
の参加者、特に大学からの参加者は
普段歩かないような道を歩く遍路の
実情とその厳しさに驚いていた。

図表6：遍路道

　我々はこのような状態の遍路道
に対しては、味があって修行として
の遍路にふさわしいのではないかと考える一方で、今回のようにホスト
として小豆島遍路と向き合うと雨や落ち葉で足を滑らす危険性や冬眠前
の動物が突然襲ってきたりはしないだろうかと、思慮を巡らさずにはい
られなかった。幸いなことに当日は天候も良く、ツアーを通して道中ケ
ガ人が出なかったことは非常に喜ばしいことであった。信心深いお遍路
さんであれば、御大師様がお守り下さったのだというのかもしれない
が、今回を機会に昨年度から取り組んでいる遍路道整備事業の重要性を
改めて再認識し、更なる協力関係を築いていきたいと思う。

## （4）香大版大巡行を終えて

　ツアー終了後に今回の感想、最も印象に残ったこと、改善点の3つを
参加者に訪ねた。大学からの参加者は帰りの船内で簡単なインタビュー
を行い、小豆島からの参加者に対しては電話やメール、手紙によって感
想を頂いた。また、道中での会話も一部加えた形でまとめたものが以下
である。

**大学からの参加者の感想**
**＜初めてお遍路をやってみた感想とそれまでの遍路のイメージ＞**
・最初はお遍路というものは平坦な道ばかりを歩くものだと思っていた
　が、今回のように険しい道もあることを知り、遍路をするのは大変だ
　と知ったがリフレッシュになった。
・お遍路という言葉に聞き覚えはあるが、堅苦しくただしんどいだけと

いうイメージであったが、和気あいあいと様々な話ができ楽しかった。

・夏だと汗だくになり熱中症や脱水症状などの危険があり、冬は風が強く寒いと思うので、今回の秋開催はちょうどいい季節だと思った。

### ＜一番印象に残っていること＞

・般若心経を含めた経を読むのは初めてで、いい経験だった。

・住職さんとの交流、説教

・お接待があることを初めて知り、その量に驚いた。

・洞窟の中でやった護摩行は新鮮で一体感を感じた。

・自分の心の深い部分を確認できる→正規の医療機関と連携しては？

### ＜今回のツアー及び小豆島遍路に対する改善点＞

・もっと少人数のほうが回りやすいと思う。

・行き先やルートを事前に説明してほしかった。

・お遍路マナーを知った上で参加したかった。

・般若心経を読むだけではなく、意味とか少し入れば自分たちがやっていることの理由がわかり、行為に対してもっとのめりこめたと思う。


## （5）スピリチュアル・ツーリズムとしての小豆島遍路

　現代の遍路では非日常的な体験、神秘体験、自然の雄大さ、人との出会いを通して自己の深奥を訪ねる旅、スピリチュアル・ツーリズムの存在が受け入れられていると考えられる。近年のお遍路ブームで特に歩き遍路が増加したことは、現代人が苦労して目的地へたどり着くプロセスを通してスピリチュアルな体験を求めているのではないだろうか。少なくとも、口減らしや死に場所を求めてやってきたかつてのお遍路さんと、神仏に触れるような霊的体験や、精神の奥に潜在しているはたらきというスピリチュアリティの部分を求める現代のお遍路さんが、その趣旨において同じものであるとは言い難い。我々はこのスピリチュアル・ツーリズムという視点から、これまで小豆島遍路による観光の可能性を考察してきたが、その第一歩となるものが今回の香大版大巡行であった。

　参加者からの感想の中で、初めての体験で驚いた接待や歩くことによ

るリフレッシュ効果、そして佛谷山の山岳霊場で感じた一体感などは、まさに我々が参加者に是非体験して欲しいと求めていたものであった。たしかに、仏の存在を感じさせるような神秘的な体験や仏教の基本理念である無の境地というものは、ある程度回数をこなさないと感じることは難しいのかもしれない。しかし、普段の生活の中にいては気付かなかった自然の雄大さや初めて体験する文化の存在、初対面の人とともに歩き、語らい、労をねぎらい合う体験はまさに非日常的といえるものであり、観光としての要素は十分に備わっていると考えられる。同時に、地元からご参加下さった女性は、若者と共に遍路をし、語らうことで力をもらったと非常に喜んで頂いた。それに加えて、「今回のことを多くの人に伝えて、次回は更に多くの人が参加できるように協力するからがんばって」と励まして下さった。こうした参加者同士、ホストとゲストが共に喜びを分かち合える姿は体験型観光によく見受けられるが、小豆島遍路にもそうした効果があるように思える。

　しかしながら、参加者からの指摘にあるように、ホストとしてホスピタリティ溢れる配慮というものが足りなかったと反省している。今後はこうした指摘を真摯に受け止め次回に生かしたい。

　今回のコースや日時、催行人数などがベストであったかどうかは一概には判断できない。それは、将来的に当ツアーを本格的な観光資源として位置付けるためには経済的な問題を避けて通ることはできないからである。例えば、今回の参加費無料という条件は当然続けるべきではなく、小豆島の活性化を考えるのであれば、道の駅や売店に寄って特産品の佃煮やソフトクリームなどの買い食いも体験できるコースなども考慮に入れるべきであろう。また小豆島のベストシーズンが春である点からも、大巡業と同じく年2回の開催が望ましいように思う。しかし、第1回香大版大巡業をホスト側として企画し、参加者から一定の評価を得られたことについては非常に満足している。当企画が研究室の後輩たちによって改良され、末永く続いていくことを心から願うばかりである。

## 5. まとめ

　以上が教育GPにおける2年間の活動結果である。3年間活動をしてきたゼミに比べると、どこまで地域に入り、貢献することができたかという点で至らないところがあったかもしれない。しかし、大賀ゼミとしては小豆島遍路を通して多くのことを学び、また何より楽しんで活動することができた点は非常に喜ばしいことだと考えている。

　我々は素晴らしい体験をさせて頂けた反面、日本の社会情勢は混乱の真っただ中にある。それはTPPや領土問題などの外交的な問題から、少子高齢化や雇用環境の悪化などの内政の問題と様々な困難を抱えている。しかし、それは個人の人間にも当てはまることである。急なリストラと困難な就職環境、親しい人との死別、人間関係や多重債務などが理由で毎年3万人を超える自殺者が出ている現状は、決して軽視できる状況ではない。そんな中で、遍路という存在がどれだけ多くの命を救ってきただろうか。遍路を通して一歩踏み出す勇気をもらった人や、考え方が変わることで悩みを解決した人がいる。普段お目にかかれない雄大な自然や新しい出会いを楽しめた人もいる。そうして現代社会へと戻り、もしまた傷つき悩んだら再びお遍路の世界へやってくればいいのだと、参加者の女性は共に昼食を食べながら教えて下さった。だとすれば、それを繰り返す場として現代社会が遍路を求め続ける限り、遍路の存在は神や仏と同じ無限の属性を持ってこの世に生き続けることになるだろう。

### 参考文献

大賀睦夫研究室（2010）「学びの場としての小豆島遍路」、『瀬戸内圏の地域文化の発見と観光資源の創造』、美巧社
冨永航平（2003）『小豆島　遍路と旅』、朱鷺書房
平幡良雄（1990）『小豆島遍路』、満願寺教化部

# 第4章　直島における観光者行動
# 　　　調査と地域振興

金　徳謙、金ゼミ

## 1. はじめに

### （1）ねらいと成果

　優れた自然景観を有する瀬戸内海の島々には、近年の団体から小グループ・個人への旅行形態の変化にともない、来訪する観光者が増加している。従来のマス・ツーリズム的視点、つまり団体旅行の視点からみると、瀬戸内海に浮かぶ島々には交通アクセスの制約、提供サービスの制約など、観光者を呼び寄せるためにはマイナス要因が多い。他方、個人旅行者の視点からみると、瀬戸内海の島々は従来の観光地とは異なる魅力的な場所である。こうした個人旅行者の視点からの瀬戸内海の島々を再評価する傾向は、今後さらに拡大していくに違いない。しかし、観光地としての魅力は、訪れる観光者に頼るだけではなく、地域の住民、関連する団体、行政機関などの積極的で組織的な取り組みがあって、域外により早く、より効率的に認知されるのである。

　そこでゼミでは、瀬戸内海の島々における観光地域振興を加速させることで、その地域への貢献を考えた。具体的には、観光者の回遊行動を調査・分析することで、満足度の向上に向けたメカニズムを解明し、地域振興への応用を図ることで貢献していくことを考えた。

　そのため、2年にわたり、直島を事例地に取り上げ、訪れる観光者の観光行動そのものや、直島に到着後収集する情報と行動の関係を調査してきた。調査には、一般的な調査手法であるアンケートによる情報にかかわるデータおよびGPS端末を利用した観光者の行動にかかわるデータを収集した。それらのデータを、GISを用いて分析した。現時点で行動調査にもっとも精度の高いGISによる分析により、観光者の特徴を的確に把握することができ、適切な対応への基礎資料として地域へ提供、貢

献することができたと考えている。

　また、学ぶ学生にとって、日本では一般化しているとは言えない、地域や行動の調査法を実践的に学ぶことができたことが収穫と言える。さらに、地域をみる視点の確立や見方の学習ができたことも大きな収穫と言える。

　2年にわたる直島での調査学習を通して、地域への貢献、また、学生の考える力・調べる力・まとめる力の向上につながり、教育GPの目指す理念により近い教育ができたと確信する。

## (2) 研究の背景と目的

　これまで日本の観光地では、団体観光客に着目し、団体観光客向けの様々な取り組みを行ってきた。しかし、日本経済が成熟した近年では、かつてのマス・ツーリズム型の観光形態から、少人数型の観光形態へと変化してきた。この観光形態の変化は観光者行動にも変化をもたらした。マス・ツーリズム型の観光形態では、観光者が旅行会社などのプラン通りに決められた観光行動をとっていた。一方、少人数型の観光形態では、個々の観光者が各々の価値観、基準を持ってプランを立て、観光者行動を行う場合が多い。金（2007）は、このような観光者行動の変化によって、全国各地の観光地の盛衰に大きな変化がみられるようになったと指摘している。

　金ゼミでは、先進事例の視察として、「長崎さるく」、「別府でのまち歩き」、「近江八幡でのまち歩き」における踏査を行った。この先進事例の踏査により、少数での観光者が多いということがわかった。少数の観光者は自由に回遊している。金（2007）は、観光による地域振興を推進する地域は増えているが、来訪してほしい観光者の行動を調査・分析した上で対応策を講じている地域は稀であることを指摘している。そのため、観光による地域振興を推進する場合、観光者行動を把握することは重要であるといえる。

　これまでの観光者行動調査には、大きく分けて、追跡型と定点型と呼

ばれる調査手法があった。野村・岸本（2006）は、歩行者の流動調査手法として、従来の追跡型調査と定点型調査を挙げ、GPS調査の有効性について明らかにしている。追跡型の調査は、観光者を追跡し、その人の目的地や回遊ルートを調査する手法である。定点型の調査は、ある特定の場所で一定時間内にどのくらいの人が通過したかを把握するものである。追跡型は歩行者の側からみた地域の特性を明らかにしようとするものであり、定点型は地点ごとの流動量からそれぞれの地域の交通の流れの実態を明らかにするのに有効である。それに対し、GPSによる調査では、被験者に端末機器を持って歩いてもらうことで、追跡型と同等の回遊データを得ることができ、データ処理も容易であるという利点がある。

　そこで、本稿では、近年の観光者の増加が著しい香川県直島の本村地区を調査対象地域として、観光者行動の特徴を明らかにすることを目的とする。そのため、GPS及びGISを用いて、観光者の行動軌跡を可視化し、さらにインタビュー調査により、パンフレットについての意見を、アンケート調査より、観光者の属性などを把握する。

## 2. 調査地直島の概要

### （1）立地・人口

　直島は香川県高松市から北へ13km、岡山県玉野市から南へ3kmの備讃瀬戸最狭部に位置し、大小27の島々から構成された香川県香川郡直島町の主となる島である。東西2km、南北5km、周囲16km、面積は8.13平方kmで、老化した花崗岩とその風化化土に覆われる丘陵性の島である。平地は少なく、海岸線は瀬戸内海特有の町木にも指定されている白砂青松の自然美が広がっている。島へのアクセスはフェリーで岡山県の宇野港から片道280円で約20分、香川県の高松

図表1　直島の立地

港から片道510円で約１時間かかる。島内には鉄道、高速道路はなく、香川県道256号が主要な道路として走っている。また、直島町営バスが島内の主要な場所を周っており、島内に居住している人の通勤、通学などの移動手段として利用されている他、観光者が島内の観光資源を周る際にも利用されている。直島町は瀬戸内海地域の特徴をよく現しており、近隣の岡山県玉野市とよく似た気候で年平均気温は15.7℃、年間降水量が706mmである。

　直島町の人口は、減少傾向にあり、平成13年から平成17年までは3,500人以上の人口がいたが、平成21年には3,400人を切っている（図表２参照）。平成20年の人口を年少人口（０〜14歳）、生産年齢人口（15〜64歳）、老年人口（65歳以上）に分けると、年少人口が11%、生産年齢人口59%、老年人口30%となっている。このことから、少子高齢化が進行していることがわかる。

## （2）観光

　直島は現代アートの島として注目されており、2010年７月19日から瀬戸内国際芸術祭が開催された。以前の直島は、現在の三菱マテリアル直島製錬所があることから「製錬所の島」として知られていたが、現在ではアートの島として、観光産業を基幹産業とし、近年直島では観光者が増え、観光産業が大きく島の経済に貢献している。このように、直島がアートの島として注目されるようになったのは、福武書店（現在のベネッセコーポレーション）が直島に参入し「直島文化村構想」を進展させたことが契機である。福武書店は1987年に直島の南側一帯の土地を購入し、1989年に直島国際キャンプ場を、1992年には現代アートを展示する美術館とホテルの機能を複合させた「ベネッセハウス

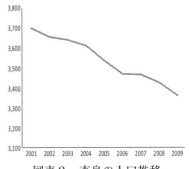

図表２　直島の人口推移

資料：直島役場の統計資料より筆者作成

ミュージアム」をオープンした。そして、1998年には本村地区の古い民家や寺社を再利用してアーティストに現代アートとして制作してもらう「家プロジェクト」を開始した。家プロジェクトは、チケットを各地の販売所で購入し、本村地区に点在している家プロジェクトが行われている施設に行き、そこで現代アートを楽しむものである。また、2004年には安藤忠雄氏が設計した直島福武美術館財団運営の「地中美術館」が開館した。このようにして直島は「現代アートの島」として確立してきた。

　直島には、これまで述べてきた「ベネッセハウス」「地中美術館」「家プロジェクト」という3か所に9割近くの観光者が訪れている。島内には、観光キャラクターであるすなおくんなどのイラストが描かれている町営バスが運行し、大人100円、子ども50円という価格で島内の観光施設を結んでいる。バスを利用する観光者は多く、2008年度のバス利用者は1日600人程度であった。さらに、レンタサイクルもあるので島内の移動は便利である。ベネッセハウス、地中美術館、本村ラウンジ＆アーカイブには、500円で自転車を借りることが出来る。また、直島を全国の循環型社会のモデル地域とし、環境調和型まちづくりを進め、町の活性化につなげることを目標に「エコアイランドなおしまプラン」を立てた。また、1990年から2003年までは、観光者入込客数は横ばいであったが、地中美術館が開館した2004年から著しく増加し、2008年の直島町観光者入込客数は342,591人となっている（図表3参照）。2004年以降は、第3次産業の割合が大きく増した。その中でも、サービス業が占める割合は大きく、この時期から観光産業が盛んになってきたといえる。

　現在、観光者は直島に対して、「博物館・郷土資料館・美術館など文化施設が豊富」というイメージを強く持っている[1]。また、同じ瀬戸内圏に存在する犬島でもベネッセに

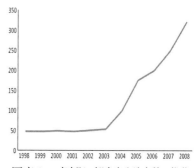

図表3　直島町の観光客入込客数の推移
資料：直島役場の統計資料より筆者作成

よるアートをテーマにした観光での地域再生を行っている。このように、瀬戸内という地域としての魅力度が今後も期待できる場所である。

## 3. 第1回目の調査及び提案

### （1）調査の手続き

　第1回目の調査では、観光者行動を把握するため、観光者にGPSを配布した。使用したGPS端末はHOLUX M-241である。このGPS端末は130,000ポジションの緯度・経度、時間、高度を記録できる。本稿においては、10秒間隔で測地するように設定し、1人のモニタの回遊につき、約1,000点の測地点を記録することとした。

　測定期間は2009年11月14日、15日、19日、23日で、計4回行った。直島町の本村地区のバス停（農協前）で、本村地区を回遊する目的の1組3人程度の観光者にGPS端末を配布した。配布した時間帯は11時30分から12時30分ぐらいで、約2時間後に再び、同様のバス停でGPSを回収した。回収した際に、インタビューを行った。インタビューでは、「どこから来たか」、「マップを使っての感想」の2つを聞いた。

### （2）調査内容

　直島の本村地区を回遊する目的で訪れた観光者から、上記の測定期間で、30のサンプルを測定した。観光者の訪問場所は、香川県が8組、愛媛県が2組、高知県が1組、大阪府が5組、兵庫県が3組、京都府が1組、岡山県が2組、広島県が1組、東京都が4組、神奈川県が2組、静岡県が1組、スイスが1組、レバノンが1組である。

　次にインタビュー内容をまとめていく。多くの観光者が使用している「なおしまエリアマップ」では、情報量が多くてよいといった肯定的な意見があった。しかし、否定的な意見が多く、モノクロ印刷で観光地

---

[1] 安田 亘宏・吉口 克利・小畑 綾乃・中村 忠司（2009）『島旅宣言アイランドツーリズムの実態と展望』では、最近1年間の国内宿泊旅行経験者で、かつ最近3年間に海外旅行を行っている一般の観光者を対象に調査を実施している。

のイメージがしにくい、見開きのパンフレットのため、観光する際に不便といった意見もあった。また、「家プロジェクトのチケット」は、カラー印刷で写真もあり、大きさも小さく、観光する際に便利であるという肯定的な意見が多かった。

　最後に、GPS端末で記録した観光者行動についてまとめていく。GPSは、測地された地点の周辺環境と衛星の位置によって、測地の精度が常に変化する。また、複数のGPSを用いても、測地の値は多少異なっており、それぞれの端末で差がある。このような理由で現在のGPSの測地精度は約5〜15mの誤差を持っているとされる。そのため、本稿では、香川県直島町の本村地区に位置していない測地点を分析の対象から外すこととする。

　図表4、5の地図中の記号についてだが、「★」は、家プロジェクトが行われている場所である。「■」は、調査の際に観光者にGPS端末とマップを配布したバス停である。また、「●」は、八幡神社である。こ

　図表4　本村地区の観光者の行動　　　図表5　本村地区の観光者の歩行速度

こは、直島観光協会が発行しているマップであまり紹介されていない場所である。

　まず、図表4について説明していく。図表4は、直島の本村地区で回遊した観光者行動である。特徴としては、家プロジェクトが行われている場所に測地点が密集していることである。また、「■」のバス停から半径約100m内は、測地点の密集が著しい。バス停から半径約100m外は、測地点の密集度が減り、「★」家プロジェクトが行われている地点で再び測地点が密集している。

　次に、図表5について説明していく。図表5は、先ほどの観光者行動に歩行速度のデータを表示したものである。先述したように、GPSの測地精度は場所によって影響を受ける。そのため、人間工学の見地に基づき、算出した歩行速度のデータから、6.2m/sを超えるデータを除去した[2]。また、歩行速度を4段階に区分した。色が濃くなるほど、歩行速度は遅く、よく立ち止まっている場所ということを示している。伊藤・松本（2008）は、歩行速度が約1.48m/s以上は空間の魅力評価が低く、歩行速度が約1.40m/sより遅くなると空間の魅力評価が高くなることを明らかにしている。そこで本稿では、1.50m/s、1.38m/s、1.00m/sに区分して分析を行うこととした。

　歩行速度での特徴は、家プロジェクトが行われている場所では、歩行速度が遅いということである。また、バス停から半径約100m内の歩行速度は遅い地点が多い。バス停から半径100m外は、半径100m内と比べると歩行速度が速くなり、「★」の家プロジェクトが行われている地点で歩行速度が遅くなっている。

　図表4、5を踏まえて観光者行動から本村地区の空間構造を分類したものが図表6である。薄い色で囲んでいるA、Cは、観光者の歩行速度

---

[2] 野村・岸本（2006）は、GPSを用いて観光者の歩行速度を算出する際、人間工学の見地に基づいて有効な歩行速度を参照し、それが6.2m/sを超えるデータをエラーとして除去している。このことから、本稿においても、野村・岸本（2006）に倣い、歩行速度が6.2m/sを超えるデータをエラーとして除去した。

が遅く、そして、他の場所と比較して測地点が多い地域である。濃い色で囲んでいるBは、観光者の歩行速度が他の地域と比較して速い地域である。バス停を含んでいるAは、バスで本村地区に訪れた多くの観光者が降りるバス停があり、町並み景観が統一されている。また、Aでは、本村地区の中でもカフェなどの飲食店がこのエリアに多く分布している。そのため、観光者の歩行速度が遅くなったと考えられる。Bは、家プロジェクトが行われているCに移動しているエリアである。Cは家プロジェクトが行われているエリアである。A、Cは歩行速度が遅く、Bは歩行速度が速い。このことから、観光者は観光拠点と観光拠点との間の歩行速度は速いことがわかる。このことより、本村地区における観光者行動は、飲食店などが分布しているAという滞在エリアからBの移動エリアを経て、Cの観光拠点エリアに至るという分類ができる。

## （3）直島の観光における提案1

　GPSによって、本村地区の観光者行動が把握でき、そこから空間構造を分類することができた。本村地区における観光者行動の特性を考慮し、本村地区への提案を述べていく。

　第1に、図表6中のBの空間を再検討する必要があると考える。Bのエリアは、多くの観光者が速い速度で歩いている空間である。一方、A・Cのエリアは、家プロジェクトやカフェいった時間をつぶすことができる要素があるため、歩行速度がBのエリアよりも遅い空間である。A・Cのエリアは、観光者がそれぞれの嗜好に基づき、時間を過ごすことができる空間であるため、有効に空間利用ができているといえる。一方、Bのエリアは、A・Cのエリアへ行くための移動する空間である。そのため、観光者があまり関心を示さない空間であると考えられる。したがって、A・Cというエリアへ行く間に、何か時間をつぶすことができる観光資源があれば、観光者は本村地区での滞在時間が長くなり、本村地区の満足度の向上にもつながると考える。今回の調査では、具体的にBのエリアに何をつくる必要があるか、といった部分までは、調べられていな

い。今後、本村地区に新たな観光資源をつ
くる時などに、Bのエリアの空間を再検討
する必要があるということを提案とする。

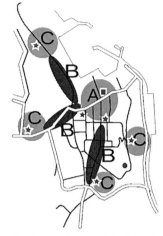

　第2に、図表6中のBのエリアを歩行者
天国にする必要があると考える。Bのエリ
アは、A・Cへと移動するエリアであるた
め、多くの観光者が通行する。さらに、直
島を周遊しているバス、観光者や地元住民
の自動車も多く通行する。多くの観光者が
通行するエリアであるにもかかわらず、バ
スや自動車が通るため、観光者が安全に観
光できているとは言い難い。そこで、観光

図表6　本村地区における
観光者行動の分類

者がより快適かつ安全に観光を楽しんでもらうためにも、Bのエリアを
歩行者天国する必要があると考える。

## （4）インタビュー調査からの提案

　次にインタビュー調査で明らかになったことから、パンフレットにつ
いての提案を行っていく。現在、直島に訪れる多くの観光者は、直島観
光協会が作成している「なおしまエリアマップ」を持ち、観光している。
また、「家プロジェクトのチケット」に掲載されているマップを持ち、
回遊している観光者も見受けられる。そこで、主に、「なおしまエリア
マップ」と「家プロジェクトのチケット」について観光者にインタビュー
を行った。先述したように、「なおしまエリアマップ」では、情報量が
多くてよいといった肯定的な意見があったが、否定的な意見が多く、モ
ノクロ印刷で観光地のイメージがしにくい、見開きのパンフレットのた
め、観光する際に不便といった意見があった。一方、「家プロジェクト
のチケット」は、カラー印刷で写真もあり、大きさも小さく、観光する
際に便利であるという肯定的な意見が多かった。家プロジェクトのチ
ケットのマップは、サイズも小さく、持ちやすく、回遊する際には便利

であると言える[3]。また、両方のマップについて、効率よく回遊ができるルートを掲載してほしいという意見も多かった。これは、県外からの観光者は、観光する時間が限られているため、効率的に回遊したいというニーズがあることが考えられる。

　インタビュー調査より、観光者は、カラー印刷で、大きさも小さく、効率的なルートを掲載したマップを好む傾向にあることが明らかになった。そのため、パンフレットは、効率的な回遊ルートを掲載し、カラー印刷で、冊子にする必要があると考える。直島は、観光に関する情報が多い。そのため、現在の見開きのパンフレットではなく、大きさも小さくするため、冊子化を提案する。

## 4. 直島住民との意見交換

　第1回目の調査より、本村地区における空間構造、また、観光者が求めるパンフレットの内容が明らかになった。そして、明らかになったことから直島の観光に関する提案を行った。この調査及び提案を基に、2010年7月6日に直島住民との意見交換を行った。ここでは、直島住民からの意見を述べていく。

　Bのエリアを歩行者天国にするという提案について、直島住民は、観光者のマナーも悪いといった意見であった。Bのエリアの狭い道で観光者が4～5人のグループで横に連なって歩いていたりすることもあるという。このような回遊をされると、自動車が通れず、困るという意見が出た。また、本村地区には、高齢者が多く、1人では移動できない住民もいる。そのため、歩行者天国にして、自動車の通行を禁止してしまうと、高齢者の移動手段がなくなってしまい、大変困るという意見が出た。観光者だけの視点ではなく、住民からの視点も考慮してほしいという意見も出た。

---

[3] インタビューで、家プロジェクトのチケットの大きさはちょうど良く、使いやすいと言っている人も多くいた。家プロジェクトのチケットの大きさは、横27.5cm、縦12.5cmである。

　また、パンフレットについての提案では、観光協会がパンフレットを作成しているため、冊子化及びカラー印刷は、資金的に無理であるという意見が出た。

　また、直島住民からの意見として、観光者が直島住民にもっと声をかけてほしいというものが出た。これは、観光者と住民との触れ合いを直島観光の楽しみのひとつにしたいという考えに基づく。

　さらに、観光する時間が限られている県外の観光者においても、直島側としては、観光者に時間が限られていても、ゆっくり楽しんでもらいたいと考えている。そのため、時間が限られている観光者や時間に余裕のある観光者など、観光者の事情やニーズによって、異なるルート設定やマップの提供が必要であるという意見が出た。

## 5.　第2回目の調査及び提案

### （1）調査の手続き

　直島住民との意見交換を通じて、実現できること、実現できないことがわかった。第1回目の調査からの提案を行い、住民側の視点での意見が得られた。直島住民との意見交換の中で出た「観光者のニーズに合ったマップが必要である」という意見に着目して、第2回目の調査を行った。第2回目の調査の目的は、観光者のニーズを探ることである。そのため、調査では、本村地区を観光目的で回遊する観光者に対し、GPS端末を観光者に配布し、本村地区を回遊した後に、アンケートでグループ構成・居住地・年齢を聞いた。GPS端末の配布及び回収は、本村地区の農協前のバス停で行った。本村地区を観光目的で訪れている観光者の多くは、この農協前のバス停で降りて観光するからである。使用したGPS端末はHOLUX M-241である。このGPS端末は130,000ポジションの緯度・経度、時間、高度を記録できる。本稿においては、10秒間隔で測地するように設定し、1人の観光者の回遊につき、約1,000点の測地点を記録することとした。測定期間は、2010年8月17日、19日、20日、22日の4日間である。配布した時間は、10時から13時の間で約2時間後に再

び、同様のバス停でGPSを回収した。

## （2）調査内容

　直島の本村地区を観光目的で回遊する 1 人から 4 人組の観光者から、上記の期間で、140組にGPS端末を配布し、回収できて、かつ有効なサンプル数は、81サンプルであった。このサンプルのうち、男性は67人、女性は174人であった。

　観光者の構成は、1 人で回遊した観光者が14人、家族・夫婦で回遊した観光者が59人、友人・知人で回遊した観光者が64人、恋人と回遊した観光者が32人となっている。8割以上の観光者が 2 人以上の組で回遊していることがわかる。

　観光者の居住地は、関東地方から訪れた観光者が63人、東北地方から訪れた観光者が 2 人、東海地方から訪れた観光者が 7 人、近畿地方から訪れた観光者が56人、中国地方から訪れた観光者が12人、四国地方から訪れた観光者が22人、九州地方から訪れた観光者が 8 人となっている。主に、関東地方、近畿地方から訪れた観光者がそれぞれ全体の 3 分の 1 を占めていることがわかる。また、北海道、信越、北陸、沖縄からの観光者は今回の調査ではいなかった。

　観光者の年代は、10代及び60代はサンプル数が少なかったため、それぞれまとめることとした。10〜20代は99人、30代は26人、40代は20人、50〜60代は25人となっている。10〜20代が全体の半分以上を占めている。それ以降の年代はそれぞれほぼ同じ割合である。

## （3）グループ構成ごとの行動結果

　次に、グループ構成による本村地区での移動距離、総滞在時間、歩行速度について述べていく。本村地区での移動距離では、恋人が4,701mと最も回遊距離が長く、家族・夫婦が比較的短くなっている（図表 7 参照）。また、総滞在時間は、1 人の観光者が86.9分、家族・夫婦が98.5分、友人・知人が117.5分、恋人が140.3分である。恋人の滞在時間が一番長

くなっている。平均速度では、1人の観光者が0.67m/sと他のグループ
構成の観光者より早くなっている。以上を踏まえて、グループ構成によ
る特徴を述べていく。まず、1人の観光者は滞在時間が短く、平均速度
が速くなっている。一方、恋人は各観光施設での滞在時間が長く、それ
に伴い、本村地区での総滞在時間も長くなっており、平均速度も比較的
遅い。家族・夫婦は移動距離が一番短く、総滞在時間も短い。友人・知
人は移動距離、総滞在時間ともに他のグループと比べて、中間の値を
とっている。

## （4）居住地別の行動結果

　次に居住地による本村地区での移動距離、総滞在時間、歩行速度につ
いて述べていく。今回の調査では、東日本からの観光者は、関東地方か
ら訪れた人がほとんどで、わずかに東北、東海の観光者がいた。そのた
め、関東地方、東北地方、東海地方からの観光者を東日本とまとめるこ
とにした。本村地区での移動距離では、東日本が一番長く、四国、近
畿、九州、中国という順番になっている。平均速度では、東日本、九州

図表7　グループ構成による移動距離・平均速度・総滞在時間

|  | 移動距離 | 平均速度 | 総滞在時間 |
|---|---|---|---|
| 1人 | 3,399m | 0.67m/s | 86.9分 |
| 家族・夫婦 | 2,955m | 0.59m/s | 98.5分 |
| 友人・知人 | 3,289m | 0.61m/s | 117.5分 |
| 恋人 | 4,701m | 0.62m/s | 140.3分 |

図表8　居住地別による移動距離・平均速度・総滞在時間

|  | 移動距離 | 平均速度 | 総滞在時間 |
|---|---|---|---|
| 東日本 | 3,561m | 0.64m/s | 105.4分 |
| 近　畿 | 3,288m | 0.55m/s | 115分 |
| 中　国 | 2,776m | 0.53m/s | 133分 |
| 四　国 | 3,436m | 0.54m/s | 141分 |
| 九　州 | 3,142m | 0.64m/s | 103分 |

が速く、近畿、中国、四国は平均速度が比較して遅くなっている。総滞
在時間では、四国の観光者が一番長く、東日本、九州からの観光者は短
くなっている。このように、居住地別にみると、中国・四国といった直
島から比較的近い観光地であれば、滞在時間が長くなる。一方、近畿、
東日本、九州と直島から遠くなれば、滞在時間が短くなり、平均速度が
速くなっている。遠方から訪れている観光者は、観光する時間が限られ
ており、効率的に多くの観光資源をみるために、短い時間で、早く回遊
していると考えられる。しかし、今回の調査では、瀬戸内国際芸術祭と
いった大きなイベント中での調査であったため、データに偏りがあった
ことも考えられる。

## （5）年齢別の行動結果

　次に、年代別による本村地区での移動距離、総滞在時間、歩行速度に
ついて述べていく。今回の調査では、10代及び60代のサンプル数が少な
かったため、10代と20代をまとめ、50代と60代をまとめることとした。
本村地区での移動距離では、10〜20代、30代が長く、40代、50〜60代と
年齢が上がるにつれて移動距離が短くなっている。総滞在時間において
も、年齢が上がるにつれ、滞在時間が短くなっている。移動速度におい
ては40代が比較的遅くなっているが、他の年代とあまり変わりない。

## （6）まとめ

　第2回目の調査では、観光者行動をグループ構成・居住地・年代といっ
た項目によって分類して分析することにより、本村地区におけるそれぞ

図表9　年齢別による移動距離・平均速度・総滞在時間

| | 移動距離 | 平均速度 | 総滞在時間 |
|---|---|---|---|
| 10〜20代 | 3,554m | 0.61m/s | 120.1分 |
| 30代 | 3,609m | 0.63m/s | 118分 |
| 40代 | 2,894m | 0.58m/s | 99.1分 |
| 50〜60代 | 2,777m | 0.62m/s | 82.9分 |

れの観光者行動の特徴が明らかになった。以上のような行動の差をまとめ、図表10・11・12に表記した。図表10・11・12では、矢印が斜め上に向いている場合、他の項目と比較して、相対的に値が大きいことを示している。また、矢印が斜め下を向いている場合、他項目と比較して相対的に値が小さいことを示している。イコールで表記しているものは、他の項目と比較しても、あまり変わらないことを示している。

　グループ構成では、1人の観光者の総滞在時間が短く、平均速度が速いこと、そして、恋人の滞在時間及び移動距離が長いことが特徴的である。居住地別では、直島から遠ざかるほど、滞在時間が短く、平均速度が長いことが特徴である。年齢別では、若年層ほど、滞在時間・移動距離が長くなっていることが特徴である。このように、本研究では、本村地区における観光者行動の特徴が明らかになった。

図表10　グループ構成別による行動比較

| グループ構成 | 総滞在時間 | 移動距離 | 平均速度 |
|---|---|---|---|
| 1人 | ↘ | = | ↗ |
| 家族・夫婦 | ↘ | ↘ | = |
| 友人・知人 | = | = | = |
| 恋人 | ↗ | ↗ | = |

図表11　居住地別による行動比較

| 居住地 | 総滞在時間 | 移動距離 | 平均速度 |
|---|---|---|---|
| 東日本 | ↘ | ↘ | ↗ |
| 近畿 | = | = | ↘ |
| 中国 | ↗ | ↘ | ↘ |
| 四国 | ↗ | ↗ | ↘ |
| 九州 | ↘ | = | ↗ |

図表12　年代別による行動比較

| 年代 | 総滞在時間 | 移動距離 | 平均速度 |
|---|---|---|---|
| 10〜30代 | ↗ | ↗ | = |
| 40〜60代 | ↘ | ↘ | = |

## （7）直島観光における提案2

　第2回目の調査より、本村地区におけるグループ構成・居住地・年代別による観光者行動の特徴を把握することができた。本村地区における観光者の行動の特徴より、3つのルートの提案を行う。

　第1のルートは、「主要な観光スポットを楽しむルート」である。このルートは、観光する時間もあり、本村地区をほどよく観光したい観光者に向いているルートである。このルートにニーズがあると考えられる観光者は、1人での観光者、東日本・九州からの観光者、若年層の観光者である。

　第2のルートは、「主要な観光スポットとそれ以外の場所も楽しむルート」である。このルートは、十分に観光する時間もあり、本村地区をすみずみまで観光したい観光者に向いているルートである。このルートにニーズがあると考えられる観光者は、恋人、近畿・中国・四国からの観光者、若年層の観光者である。

　第3のルートは、「見どころだけを楽しむルート」である。このルートは、あまり観光する時間がなく、本村地区の中でも、特に見どころとなるポイントだけを観光したい人に向いているルートである。東日本・九州からの観光者、中高年の観光者にニーズがあると考えられる。

　この3つのルートを基に、ルートをマップに掲載することで、より観光者のニーズに合った回遊行動が行われると考える。

## 6. おわりに

　2年にわたり、直島を事例地に、観光者の行動や、直島に到着後収集する情報と行動の関係を調査してきた。その調査より、本村地区の空間構造、パンフレットの問題点・改良点を明らかにできた。また、2回目の調査ではデータ数を大幅に増加し、1回目の調査よりさらに詳細に分析を行うことで、観光者の行動の特性を明らかにした。しかしながら、今回、調査から明らかになったことを基に提案した内容を実行できるまで至っていない。今後、実際に提案内容を実行する必要があるが、今回

の調査より明らかになったことが直島の観光発展の1つになることを期待する。

## 参考文献

伊藤美穂・松本直司（2008）「都市における街路空間の魅力と歩行速度の関係」『日本建築学会大会学術講演梗概集』pp.589-590

金徳謙（2007）「東かがわ市引田町にみる空間構造と観光者の回遊行動」『新しい観光の諸相』pp.99-117

金徳謙（2009）「観光行動論の視点からみる観光研究」『観光学へのアプローチ』pp.39-53

佐々木土師二（2007）『観光旅行の心理学』北大路書房

佐藤彩（2009）「直島にみる観光地化の過程」『ゼミナール報告書（教育GPプログラム報告）第2号　香川大学　経済学部　キムゼミナール』pp.77-105

白川洋・歌川由香・福井良太郎・重野寛・岡田謙一（2003）「歩行者ナビゲーションのための歩行履歴情報の分析手法」『社団法人　情報処理学会 研究報告』pp.69-76

直島町役場（2009）『平成21年直島町観光客等入込数動態調査』

野村幸子・岸本達也（2006）「GPS・GISを用いた鎌倉市における観光客の歩行行動調査とアクティビティの分析」『日本建築学会総合論文誌』第4号、pp.72-77

橋本俊哉（1993）「徒歩スケールの観光回遊に関する研究　飛騨高山での外国人観光者の回遊実態の分析」『日本観光研究者連合機関誌』vol.5、pp.11-20

羽生冬佳・森田義規・小久保恵三・十代田朗・津々見崇（2006）「来訪者の観光地評価の構造に関する研究」『日本造園学会誌』pp.301-306

前田勇編著（1995）『観光とサービスの心理学』学文社

前田勇編著（2009）『現代観光総論』学文社

松尾圭悟・菅井浩文・野口浩輝（2009）「観光地における観光者の行動と評価に関する研究」『平成21年度　中四国経済ゼミナール討論大会　香川大学大会　大会報告書』

溝上章志・朝倉康夫・古市英士・亀山正博（2000）「観光地魅力度と周遊行動を考慮した観光交通受容の予測システム」『土木学会論文集』No.639、Ⅳ-46、pp.65-75

矢部直人・有馬貴之・岡村祐・角野貴信（2009）「上野動物園におけるGPSを用いた来園者行動の分析」『日本観光研究学会全国大会学術論文集』No.24、pp.229-232

# 第5章　直島における外国人観光客アンケート調査

## 水野　康一、水野ゼミ

## 1. はじめに

　水野ゼミでは、2009年度より「地域における国際観光（インバウンド・ツーリズム）振興」を研究テーマとして活動を行ってきた。このテーマを選択した理由は、外国人観光客を地方へ誘致するという課題が、これから地域の振興と発展を担っていく学生たちにとって取り組み甲斐のあるテーマに思えたからである。その背景には、2003年以降、政府による訪日観光振興策、いわゆるビジット・ジャパン・キャンペーンにより、海外からの訪日旅行者の数が増えつつある一方で、東京・大阪・京都を結ぶ、いわゆるゴールデンルートから外れた、香川県のような地方まで足を伸ばす旅行客は極めて少ないという現状がある。日本政府観光局（JNTO）によると、香川県を訪れる訪日旅行者は全体の1パーセント程度にすぎないと推計されており、その状況は四国の他の県についても同様である。今後日本が政府のねらいどおりに海外からの観光客を増やし続けていくためには、これまで外国人が訪れることの少なかった地域を魅力的な観光目的地に仕立て上げ、それをリピーター客やありきたりな日本ツアーに満足しない観光客にアピールしていく必要がある。

　本ゼミでは、地域の国際観光の実態を正しく知ることを最初の活動目標に掲げた。まず、学生が県内の観光地に実際に足を運び、そこを訪れる外国人観光客の視点を通して見えてくる、その地域特有の観光問題を見つけ出すことに取り組み、さらには、それらの解決策を提案し、地域住民とも協力しあいながら、少しでもこの地域を外国人観光客が訪れたいと感じる魅力あるものにするために、アクションを起こすことを決めた。

　このような目標の達成に向けて、今期（2009－2010年度）本ゼミで実践した具体的な活動は以下の通りである。実際には成果の残らなかった

活動も多く、ここで紹介するのが憚られるものも含まれているが、本報告はツーリズムコースで取り組んだ教育GPのこれまでの実践記録という意味合いもあるため、現在進行中のものや中途半端に終わったものも含めて、全ての取り組みを紹介しておく。

## （1）栗林公園での英語ガイド

　ミシュラングリーンガイドで三つ星の評価を得た栗林公園は、外国人観光客も多く訪れる市内随一の観光地である。香川大学からも近いこともあり、公園の英語案内作成に取り組んだ。実際に英語ボランティアガイドを行っている香川SGG（善意通訳の会）の協力を得ながら、ゼミ生各自が実際に見所を英語で紹介してまわる活動を行った。

## （2）四国夢中人モニターツアー企画

　「四国夢中人」は四国の魅力をフランスに発信する活動を行っている団体で、代表の尾崎美恵氏から、2009年秋にフランスから人気ブロガーを招くモニターツアーの計画立案に本ゼミの学生に協力してもらえないかという依頼があった。夏休みまでに旅程表の試案を作成したが、スポンサーとの調整が遅れ、ツアーの詳細日程が直前まで決まらなかったため、結果的に学生達のプランが採用されることはなかった。

## （3）直島ボランティアガイド英語講習

　香川大学経済学部の直島活性化プロジェクトの一環として、2008年度より学生の経営する「和カフェぐぅ」にて現地ボランティアガイドを対象に英語講習会を行ってきた。2009年9月に行われた全3回の講座では、プロジェクト参加学生とともにゼミ生が講師補助として参加し、受講者に対して個別に対話練習のサポートを行った。しかし、2010年度は受講者のほとんどが瀬戸内国際芸術祭開催に関って多忙を極めていたため、英語講座を開講することができなかった。

### （4）市内飲食店メニュー英語翻訳

　地元のホテルや飲食業者などからなる「高松まちなかおもてなし推進協議会」からの依頼を受け、一人歩きの外国人観光客のために市内飲食店の英語メニューを作るというプロジェクトに参画した。実際に飲食店に足を運んで店側の話を聞きつつ、日本語が全く通じない外国人客と店員との仲立ちとなり得る英語メニューについて検討した。残念ながら、わずか一店舗のメニュー原案を作成した段階で、協議会側の都合によりこの取り組みは現在休止している。

### （5）外国人観光客に対するアンケート調査（2009年度）

　2009年秋、直島を訪れた外国人観光客の実態について現地でアンケート調査を行い、その調査結果を2010年夏に直島住民の前で発表した。この取り組みは、その活動の内容や期間の長さから、教育GP期間中のゼミ活動を代表するものと考えることができ、下の（6）と合わせて、次節でその詳細を報告する。

### （6）外国人観光客に対するアンケート調査（2010年度）

　直島を訪れる外国人観光客は事前に限られた情報しか得ていないという前年度のアンケート調査結果をもとに、2010年度の３年生ゼミでは、直島町観光協会の協力を得て、直島情報をインターネットで提供するサイトの立ち上げを目標に掲げて、現在活動を行っている。その前段階として、前年度と同様、実際に直島を訪れた外国人にアンケート調査を行い、彼らがどのような観光情報を求めているのかについて検討した。

## 2. アンケート調査（2009年）

　これ以降は、ゼミ活動の具体例の紹介として、2009年度および2010年度に直島にて行った外国人観光客に対するアンケート調査の結果をゼミ学生が報告する。なお、適宜『JNTO国際観光白書2010』の訪日外国人の全国年間データと比較しながら、直島を訪れている外国人観光客の特

徴について分析を行った。

## （1）調査の概要

　このアンケート調査は香川を訪れる外国人観光客の実態を調べるため、2009年10月24日〜11月29日の間、計8回にわたり、香川県直島町において実施した。主な調査地点は宮之浦港・本村周辺・地中美術館周辺・往復フェリーの中であり、調査対象は直島に観光で訪れ、調査地を徒歩で観光中の外国人観光客である。

　アンケートは対象者に自ら記入してもらう形式をとり、65人（グループで旅行をしている場合は各グループの代表者）から回収した。アンケート項目は、国籍・性別・年齢、誰と来たか、他に訪れた都道府県、日本の滞在日数、何回目の訪日・訪島か、経由地、直前・直後に泊まった市・町、どのようにして直島を知ったか、どのようにして直島の情報を集めたか、およびその他（興味・関心）についての12項目である（付録1参照）。なお、今回の調査は、外見から外国人とわかる観光客に声をかけてアンケート回答を依頼しており、回答者のほとんどは欧米人であった。したがって本調査は、外国人といってもアジア人は含まれておらず、直島を訪れた欧米系観光客を対象とした調査であることに留意する必要がある。

## （2）調査結果
### ①　国籍

　直島を訪れた観光客の国籍別の割合は、フランス23％、アメリカ19％、ドイツ12％、オーストラリア8％、スイス8％、カナダ6％、イギリス3％、ニュージーランド3％、その他10％である（図表1参照）。一方で、同年日本を訪れた欧米からの訪日外客国籍別割合は、アメリカ35％、オーストラリア14％、カナダ10％、イギリス9％、フランス7％、ドイツ4％、イタリア3％、ロシア3％、スペイン2％、ニュージーランド2％、その他11％であったことがわかっている。

　日本全体の訪日観光客の国籍別割合では、アメリカが35％で一番高い

割合となっているが、直島ではフラン
スの割合が一番高い。一方、日本全体
ではフランス人は7%で5番目となっ
ている。

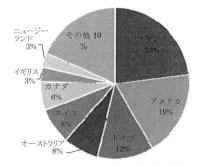

　このような結果になった背景には、
この調査を行った10月下旬から11月下
旬の間に各国の連休や学校・企業の休
暇などの季節的要因のほか、ビジッ
ト・ジャパン・キャンペーンの積極的

図表1　直島における外国人観光
　　　　客の国籍別割合

な推進による訪日機運の高まり方の違いなどが要因として考えられる。

　また、フランスでは近年、直島について取り上げる芸術・旅行雑誌や
新聞が増加しており、その中で直島が特に知られるようになったという
ことである。地中美術館にフランスを代表する画家、モネの作品が収蔵
されていること、フランス人は芸術やアートツーリズムに関心が高いと
いうことなどがフランスからの観光客が多い理由として考えられる。

② **性別・年齢**

　この項目では、グループで訪れている人に対しては、代表として、今
回の旅行を計画した人に記入してもらった。その結果、直島を訪れた観
光客の性別構成比は、男性が40%、女性が60%で女性が少し多い。男性
の年齢別構成比は、30歳代、20歳代、40歳代、50歳代、70歳代、60歳代
の順に多く、女性の年齢別構成比は、30歳代、20歳代、40歳代、50歳

代、60歳代、70歳代の順に多
かった（図表2参照）。

　これに対して日本全体の訪日
外客の性別構成比は、男性が
62.7%、女性が37.3%であり、男
性が多い。男性の年齢別構成比
は、40歳代、30歳代、50歳代、
20歳代、60歳以上、19歳以下の

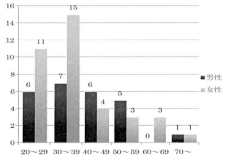

図表2　直島への欧米からの観光客数

順に多く、女性は20歳代、30歳代、40歳代、50歳代、60歳以上、19歳以下の順に多かった。このことから、直島を訪れる観光客は、アートや流行に対して感度の高い女性が中心であり、特に20代から30代の若い世代に人気があると考えられる。

③　誰と来たか

　2009年の統計では、アジア（韓国・台湾・中国・香港・タイ・マレーシア・シンガポール・インド）から日本を訪れている観光客のうち、個人旅行割合の平均は51.7%である。その一方で、欧米諸国（アメリカ・フランス・オーストラリア・カナダ・イギリス・ドイツ）からの個人旅行割合の平均は80.8%であり、欧米諸国の人々の多くはアジアからの観光客に比べて高い割合で個人旅行をしていると言える。

　直島の場合も、パートナーと来た人が23人、友達と来た人が20人、家族と来た人が10人、その他が2人という順であり（図表3参照）、ほぼすべての人が個人旅行で島を訪れていた。調査をしている中で、団体のツアー客を見かけたのは一組だけであった。多くの欧米系外国人観光客はツアーではなく個人や家族や友人といった少人数のグループで訪れているようである。

④　滞在日数

　この質問は直島での滞在期間ではなく、今回の旅行全体での日本国内滞在期間についてのものである。

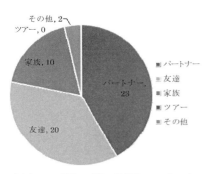

図表3　誰と一緒に旅行しているのか

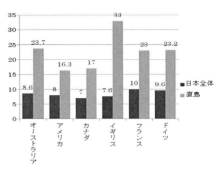

図表4　全訪日旅行客と直島訪問客の国内滞在日数

　2009年度の欧米からの訪日旅行客の平均滞在日数は8.5日（オースト
ラリア8.6日、アメリカ8日、カナダ7日、イギリス7.6日、フランス10
日、ドイツ9.6日）である。一方で、直島を訪れた外国人観光客の平均
日本滞在日数は20.9日（オーストラリア23.7日、アメリカ16.3日、カナダ
17日、イギリス33日、フランス23日、ドイツ23.2日）であった。10日以
上宿泊した外国人観光客は29人で、20日以上滞在した人は16人である。
直島を訪れた人は、いずれの国も訪日旅行客平均と比べ2倍以上長く日
本に滞在している。もともと休暇が長い欧米諸国からの観光客は、長期
滞在するケースが多いが、それ以上に直島を訪れる人は日本に滞在する
期間が長い。そのことから、直島は、旅行期間と旅行予算に比較的余裕
のある人が訪れるケースが多い。また、初来日でも比較的長い時間をか
けてできるだけ多くの場所を見ようとする人が訪れる傾向にある。

⑤　何回目の訪日・訪島か

　2009年の訪日観光客のデータでは、初めて日本を訪れた人の割合は
65.9%、1回以上訪れたことのあるリピーターは33.4%であった。

　一方で、今回直島を訪れた人で初めて日本を訪れたという人は54%、
2回目以上のリピーターは46%であった（リピーターの中で一番多かっ
た国籍はフランスで、アメリカ、オーストラリア、ドイツという順であ
る）。今回直島を訪れた人の半数近くの人が2回以上日本を訪れている
ことになる。しかし、その中
で直島を訪れたことがある人
は8％で、残りの92％の人が
初めて訪れたと回答した。以
上のことから、直島は、日本
を長期旅行している人、また
は以前に日本を訪れた事のあ
る人が2回目以降の訪日旅行
で訪れる観光地であると考え
られる。

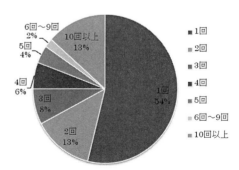

図表5　直島を訪れた外国人観光客の訪
　　　　日回数の割合

⑥　経由地

　岡山経由で直島へ来た人は46名、高松経由の人は19名であった。

　直島を訪れる直前の上位5位までの宿泊地は、東京、香川、岡山、京都、大阪であった。直後の上位5位までの宿泊地は東京、京都、大阪、広島、岡山であった。直前の宿泊地は東京と並んで岡山・香川も挙げられているが、直後の宿泊地に関しては東京・大阪・京都といった主要都市あるいはその近隣県が挙げられている。

　高松を経由して、再び高松へ戻った人は10人いた。一方で、岡山を経由して、高松を訪れずに岡山に戻った人は12人だった。高松市内に一度も足を運ばなかった人は65人中44人だった。

　直島は香川県であるが、高松から直島へはフェリーで約1時間、岡山側からは約10分の距離にあり、本州からの方がアクセスしやすい場所にある。そのため、多くの観光客が岡山から直島を訪れる傾向にある。また、西日本（大阪・京都・広島）の観光地から足を伸ばして、直島に立ち寄る外国人観光客が多い。そしてそのまま高松市内を訪れずに大都市へ向かうケースも多く見受けられる。本ゼミでは四国地域への外国人観光客の誘致という問題について検討しているが、香川県（行政）もインバウンド観光に力を入れるのであれば、彼らに四国まで足を運んでもらう方策に真剣に取り組む必要がある。

⑦　直島で訪れた場所

　直島では、家プロジェクトに全体の89%、ベネッセアートミュージアム86%、地中美術館84%、007ミュージアム29%、その他の場所10%、フィッシングパーク7%、環境センター2%という割合で観光客が訪れていた。

　今回のアンケートで項目に挙げたこれら7か所の観光スポットの中でも、家プロジェクト・ベネッセアートミュージアム・

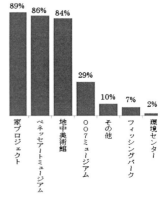

図表6　直島での訪問先別割合

地中美術館の３か所に観光客が集中しており、80%以上の外国人観光客はこのいずれかを訪れる、または訪れる予定であると回答している。

　家プロジェクト・ベネッセアートミュージアム・地中美術館は直島を代表する観光スポットで、誰もが「見てみたい」と思うような魅力を持っていると共に、海外の芸術雑誌やメディアに取り上げる機会が多く、その注目度や評価は高い。

⑧　直島に宿泊した人

　宮之浦港の日本人観光客の出入りを観察していると、傾向として、午前中のフェリーで来島し、午後のフェリーで帰る人が多いことから、（荷物の大きさや待合所で待っている人の数から推測して）日本人観光客の多くは日帰り客であると考えられる。

　一方で、直島を訪れた外国人観光客の場合、宿泊した人は71%、宿泊しなかった人は29%で、宿泊した人の方が多い。実際に朝の宮之浦港の待合所で、大きな荷物を持った外国人観光客をよく見かけたことから、彼らの多くは直島に宿泊して、次の朝に帰るというケースが多いということが予測できる。

⑨　どこに宿泊したか

　ベネッセハウスが55%、民宿が26%、その他が８%、つつじ荘が８%、簡易宿泊所が３%という順であった（図表８参照）。

　各宿泊地の年齢別人数の割合は、ベネッセハウスは60歳代以上が一番高く、次に30歳代、40歳代と50歳代が同数、20歳以下という順であっ

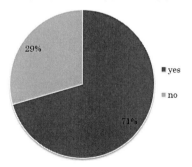

図表７　直島に宿泊した人の割合

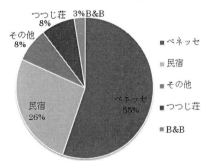

図表８　直島での宿泊先別割合

た。民宿は20歳代が一番多く、40歳代と50歳代が同数、30歳代、60歳以上はいなかった。その他とつつじ荘は、20歳代、30歳代の順で40歳代以上はいなかった。簡易宿泊所は30歳代のみの利用であった。

　1部屋2名利用の場合のベネッセハウスの宿泊料は、通常シーズンでパークタイプの一泊31,185円からとなっており、決して安くはないにもかかわらず、半分以上の外国人観光客がベネッセハウスに宿泊したと回答した。中でも年配の観光客が多くベネッセハウスに泊まっている。一方で、若い人は民宿、簡易宿泊所（ホステル）に泊まる人が多い。これらのことは旅行予算や個人の興味・関心による差であると思われる。

⑩　興味・関心

　この項目では、80％以上の人が芸術、建築について、60％以上の人が文化、旅行について、50％以上の人が自然、食べ物について興味・関心があると答えた。一方で、サブカルチャーと呼ばれ、日本の観光業界において大きな位置を占めているアニメ・漫画などに興味がある人はほとんどいなかった。

　直島を訪れる外国人観光客は、興味・関心の対象が芸術と建築に集中している。そのことから、それらに対するはっきりとした意思と目的意識を持って直島を訪れていることが分かった。

⑪　どのようにして直島を知ったか

　「知人・友人から知った」という人が24人、「日本を旅行した人から」

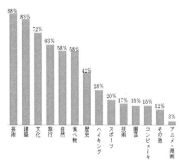

図表9　興味・関心のあるもの
　　　　（複数回答）

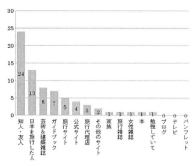

図表10　直島について知るきっかけとなったもの

が13人、「芸術&建築雑誌から」が8人、「ガイドブックから」が7人、「旅行サイトから」が5人、「公式サイトから」が4人、「旅行代理店から」が3人、「その他のサイトから」が2人、「家族」、「旅行雑誌」、「女性雑誌」、「本」、「勉強していて」が各1人、「ブログ」、「テレビ」、「パンフレット」と回答した人は0人という結果であった（図表10参照）。

　近年のビジット・ジャパン・キャンペーンの推進の強化に伴い、メディアに紹介される機会が増えたこともあり、芸術・建築雑誌やガイドブックを挙げた人が多くいた。

　しかしそれ以上に知人や友人、また、日本を旅行した人から聞いたという口コミによって直島を知った人が圧倒的に多かった。

　「知人、友人」、「日本を旅行した人」はいずれも旅行者の知人であるという点で同じカテゴリーに属すべき人で、彼等が直島のことを話した相手に結果的に足を運ばせていることから、それら「知人」が旅行者の直島観光という行動に与えた影響力は大きいといえる。一般的に伝聞などの信頼性の高くない情報に人は動かされにくいと思われるので、ここでの「知人」もまた、以前実際に直島に来たことのある人である可能性が高いと考えられる。すなわち、直島を観光で訪れた人がさらに次の観光客に情報を伝え、新たな観光客を連れてくる、という構造が確立されている。

⑫　どのようにして情報を集めたか

　公式サイトからが38人、知人・友人からが20人、ガイドブックからが19人、旅行サイトからが18人、日本を旅行した人から16人、芸術&建築雑誌からが13人、ブログからが12人、その他のサイトからが9人、旅行代理店からが4人、旅行雑誌、パンフレットからが各3人、テレビ、女性雑誌、本、家族からが各1人という順であった（図表11参照）。

　直島を知ったきっかけが人からの口コミである場合が多いということ

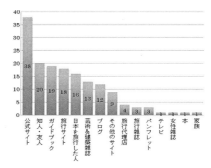

図表11　情報収集のツール

に対して、ほとんどの人が情報収集のツールとして公式サイトを利用している。それに加えてブログという新たな情報ツールも多く挙がっている。ブログは、公式サイトでは補いきれない旅行者の生の情報、いわゆる口コミを最も早く伝えることができる非常に効果的なツールである。また、欧米からの観光客のほとんどは個人旅行であり（分析③より）、情報の収集源は必然的にインターネットからになる。インターネットからの情報は、手軽に手に入れることができるという利点もあり、多くの観光客はネット情報に依存しているのが現状である。これらのことを踏まえると、これからはより一層ネット上の旅行情報に加え、ブログなどの生の情報を充実させることも観光客の増加に向けて有効な手段であると考えられる。

## 3. 2009年度調査の考察とその後の取り組み

### （1）口コミとインターネットの重要性

　直島を訪れる欧米諸国からの外国人観光客は、20歳代、30歳代の感度の高い女性を中心に幅広い年齢層であり、日本を複数回旅行している人が多いが、直島を訪れるのは初めてという人がほとんどである。

　そして、直島を知ったのは知人からの口コミという人が大多数という事実に加えて、分析結果の⑪と⑫から得られた結論として、最初に口コミで直島について知り、その次の情報収集の段階では、インターネットを中心に情報収集を行い、そして直島観光に至るという流れが存在していることが明らかになった。直島を訪れる外国人観光客の柱となっている20歳代から30歳代の観光客にとってインターネットは日常的に利用するものであり、その上、口コミを速いスピードで広げることができるのもインターネットであることから、Web上での口コミや観光情報の充実が今後の直島の国際観光の発展のためにより重要になっていくだろう。

### （2）直島での調査結果報告会

　ここまでの内容について、2010年7月21日に、今回の調査で得た結果

を住民の方々に知ってもらい、今後の活動に生かしていくために、直島
において調査結果の報告会を行った。報告会には観光協会をはじめ、行
政担当者のほか、ボランティアガイドの方々が参加してくださった。報
告会では調査結果の報告に加え、住民の方々と意見交換や、報告内容に
ついてのアンケート調査を実施した。

　報告会でのアンケートに実際に寄せられた主な意見を以下に示す。

　Q：今回の報告内容で最も興味深いことは何ですか。

　　A：どのようにして直島を知ったか

　　A：どのようにして情報を集めたか

　Q：それはなぜかですか。

　　A：メディアによる影響で直島を知った人が大半だと思っていた

　　A：欧州での情報源がどこなのか気になったから

　Q：これまでに直島を訪れた外国人観光客とどのような交流をしたこ
　　　とがありますか。

　　A：民宿の宿泊客と晩御飯を食べた後、星を見に行った

　　A：道を尋ねられた

　　A：食堂でメニューを尋ねられた

　　A：次の目的地の行き方を尋ねられた

　Q：今回の報告会は外国人観光客との交流に役立つと思いますか。

　　A：今回の結果を受けて、外国人目線で検討した手法に生かすので
　　　　あれば役に立つ

　　A：交流というよりどのように迎えるかということについて役立つ
　　　　と思う

　　A：結果をWeb上で周知すれば役に立つ

　Q：私達に対しての要望はありますか。

　　A：ボランティアで協力してほしい

　　A：できればもっとたくさんのことを聞いてほしかった

　　A：町民を対象とした英会話講座を開いてほしい

　　A：外国人観光客が直島に来てどのような印象をもったか知りたい

　寄せられた回答の中にはゼミ活動での取り組みについて厳しい意見もあったが、住民の方々の目線から見た直島について、私達だけでは気付けないことに気付くことができた。

　また、この報告会での住民の方々との意見交換の中で、「直島の子ども達は、どちらかというと内気で消極的な子が多い。そんな子供たちが外国人観光客との交流を通じて、もっとオープンで積極的になってくれれば」という声を耳にした。

　このことから私達は、「海外から大勢の観光客が直島に来て、それによって直島が経済的に潤される」ということだけが、住民の方々の望んでいることではないということ、そして、海外から大勢の観光客が来るということが経済的な側面だけではなく、文化交流という面からも、そこに住む人々にとってどのような意味を持つのかといった観点から考えることが必要である、ということに気付かされた。

　そこで私達にできることとして、次の二つのことを考えた。

　まず一つ目は、外国人の方が情報収集の段階で、主にインターネットサイトを活用しているということから、情報の充実と強化を図るために「ウェブを通して外国人観光客が必要としている情報を英語で発信する」ということである。そして二つ目に、住民の方々と外国人観光客の方々が交流するための手助けとなることができるように「英語講座を継続して行う」ということである。

直島での報告会の様子

　これらの事を踏まえ、私達はもう一度直島でアンケート調査を行った。以下に簡単にその調査内容と結果の概略を示す。

## (3) 2010年度のアンケート調査の概要と分析

　2010年度に行ったアンケート調査の主な目的は、「ウェブで情報を発信するのに先立ち、外国人観光客の方々が、実際にどのような情報を欲しがっているのかを知る」ということである。

　調査は瀬戸内国際芸術祭の開催期間中に実施し、主な調査場所・対象、形式については昨年と同様で、アンケート項目も国籍、性別、誰と来たか、何回目の訪日・訪島か、経由地、直前直後に泊まった場所、直島での宿泊地・訪問地などは同じであった。これらに加え、2010年度は新たに、情報収集の際にインターネットを利用したか、インターネット上で何を調べたか、どのような情報について一番知りたかったかという3項目について質問した（付録2参照）。

　まず、「情報収集の際にインターネットを利用したか」という項目について、これには75%の人が「Yes」と回答した。

　次に「インターネット上で何を調べたか」という項目については、美術館についての情報が一番多く、次に交通手段、宿泊施設、展示品という順であった。

　次に、どのような情報が一番知りたかったという項目（自由記述）については、交通機関（岡山駅からのアクセス、交通機関の運賃や運行ルート・スケジュール等）、写真（ウェブ上にもっと写真を掲載してほしい）、実際に行った人の感想や意見、評価、直島でのイベント、展示品やアーティストの情報といった意見が寄せられた。

　2009年度の調査でも明らかになったように、今回も多くの人が情報収集をするためにインターネットを利用していた。そして、一番知りたかった情報として、交通やアクセスについて、という項目が多く挙げられた。現在インターネット上に存在しているそれらの情報に加え、さらに英語での情報をより充実させていくことができれば、外国人観光客は

今よりもずっと直島を訪れやすくなるはずであると考える。

## 4. 今後のゼミ活動方針と目標

　今回の調査を受けて、今後、水野ゼミでは以下の2点を目標として活動していきたいと考えている。

　まず、2009年・2010年の調査の分析結果や、町民の方々から寄せられた意見をもとに、外国人観光客向けに英語で分かりやすく情報を発信するWebサイトを作成する。最も手軽に、そして早く情報を手に入れることができるインターネットは、直島のみならず、観光にとってなくてはならないツールである。特に直島は東京や大阪といった観光地とは違い、外国人観光客にとっては非常にアクセスが難しい場所にある。また、フェリーやバスの本数も少ないために交通のスケジュールをしっかり管理していなければならない。このような情報がネット上で提供されていなければ、行きたくてもなかなか足が向かない観光客がいるはずである。そこで、現在すでに存在しているサイトに加え、より分かりやすく詳しい英語のサイトを立ち上げることで、その様な未来の観光客を増やしていくことにつながるのではないだろうかと考える。

　次に、直島住民対象の英語講座を継続させ、それによって直島住民と外国人観光客との文化交流や、観光客満足度の向上に貢献していく。瀬戸内国際芸術祭が開催されたこともあり、国内外における直島の知名度、注目度はますます高まっている。その中で、住民の方々は外国人観光客に声をかけられる機会がかなり増えたという。内容の大半は、道順についてのこと、食堂でのメニューについてのことであるというが、外国から観光客が来てくれてうれしいという半面、彼らとうまくコミュニケーションをとれないことにもどかしさを感じているようであった。

　そこで、ゼミ活動の一環として英語講座を今後も継続したいと考えている。そのことが外国人観光客の直島に対する満足度の向上を図ると共に、島の子供たちと外国人観光客との文化的な交流に繋がっていくことを願って、活動を続けていきたい。

# 5. おわりに

　私達にとって今回のアンケート調査は貴重な経験となった。様々な国からの外国人観光客に出会い、話をするということは、日本という国で普通の生活をしている中ではそうそう経験できるものではない。見ず知らずの外国人観光客に声をかけるのは調査と言えども勇気がいることで、最初のうちは緊張してうまく話かけることが出来なかったが、彼らはそんな私達の話を嫌な顔ひとつせず聞いてくれた。外国人と接するということについて、私たちは難しく考えすぎていたのかもしれないと気付かされた。

　また、直島での報告会での住民の方の「直島に外国人観光客が訪れることで、経済的に潤うことが目的ではない」という言葉は非常に考えさせられるものであった。彼らの持つ純粋なおもてなしの心。それが直島の魅力のひとつとなって人を惹きつけているということは疑いようがない。

## 参考文献

国土交通省　観光庁（編）『観光白書』日経印刷、2010年
日本観光振興機構（編）『JNTO訪日外客実態調査2006 – 2007』国際観光サービスセンター、2008年
日本政府観光局（編）『JNTO国際観光白書2010』国際観光サービスセンター、2010年
日本政府観光局（編）『JNTO訪日外客訪問地調査2009』国際観光サービスセンター、2010年

付録 1
2009年度アンケート調査用紙

### QUESTIONNAIRE on International Tourism in Naoshima

We are students of Kagawa University doing a research in local tourism.
We are asking foreign visitors about their trip to Naoshima Island.
We would appreciate it if you could take a minute to fill in this questionnaire.

Nationality: _____Sex: ☐ M ／ ☐ F
Age: _____years old
Number of people traveling together: _____person(s)
Traveling with your ☐ family　☐ partner ☐ friend(s)　☐ tour group ☐ others
Places visited or to visit: ☐Tokyo　☐ Kyoto　☐ Osaka　☐ Hiroshima
　　　　　　　　　　　　☐ Okayama ☐ Takamatsu
　　　　　　　　　　　　☐ other places _____
Total number of days in Japan (current trip)_____days
This is your_____trip to Japan

This is your_____trip to Naoshima
I came to Naoshima: ☐ via Takamatsu, Kagawa　☐ via Uno, Okayama
The city/town I stayed before Naoshima: _____
The city/town I will stay after Naoshima: _____
Places visited or to visit in Naoshima:　☐ Chichu Art Museum　☐ Benesse House Museum
　　　　　　☐ 007 Museum ☐ Hommura/Art House Project ☐ Naoshima Fishing Park
　　　　　　☐ Naoshima Environment Center ☐ other _____
I stayed overnight in Naoshima. ☐ Yes. (check one below)　☐ No.
　　　　　　☐ Benesse Hotel ☐ Tutsuji-so Lodge or Pao (Mongorean tent)
　　　　　　☐ Japanese inn (*minshuku*)　☐ guest house (B&B) ☐ other _____

How (or from whom) did you collect information about Naoshima? (multiple choice)
　☐ official websites (Naoshima Town or Benesse)　☐ Internet travel sites
　☐ other websites (art, architecture, etc.) ☐ personal blogs or websites
　☐ guidebooks ☐ TV show ☐ travel magazines　☐ art or architecture magazines
　☐ pamphlets (brochures) ☐ people traveling in Japan ☐ travel agents
　☐ other _____

How (or from whom) did you first learn about Naoshima? Circle one box above.
Your general interests (multiple choice):　☐ art　☐ architecture　☐ sports
　☐ hiking ☐ traveling ☐ culture ☐ history ☐ food ☐ nature　☐ horticulture
　☐ technology ☐ computers ☐ anime/manga　☐ others _____

THANK YOU

付録 2
2010年度アンケート調査用紙

QUESTIONNAIRE on International Tourism in Naoshima

We are students of Kagawa University doing a survey on local tourism.
We are asking foreign visitors about their trip to Naoshima Island.
We would appreciate it if you could take a minute to fill in this questionnaire.

Nationality: _____
(If you live in Japan, skip the questions with *.)
Sex: ☐ M / ☐ F     Age: _____
Number of people traveling together: _____person(s)
Traveling with your  ☐ family  ☐ partner  ☐ friend(s)  ☐ tour group  ☐ other
* Total number of days in Japan (current trip)_____days
* This is your _____trip to Japan
The city/town I stayed in before Naoshima: _____
The city/town I will stay in after Naoshima: _____
Places visited or plan to visit in Naoshima:  ☐ Chichu Art Museum
　　☐ Benesse House Museum  ☐ Hommura/Art House Project
I stayed (will stay) overnight in Naoshima.  ☐ Yes. (check one below)  ☐ No.
　　☐ Benesse Hotel  ☐ guest house (budget hotel)
　　☐ Japanese inn (*minshuku*)  ☐ Tutsuji-so Lodge or Pao (Mongorean tent)
　　☐ Other _____

Did you search for travel information about Naoshima on the Internet?
　　☐ Yes.   ☐ No.
If yes, what kind of information did you search for on the Internet? (Multiple choice)
　　☐ Local transportation (ferry service, bus, rental bicycles, etc)
　　☐ Museums (open hours, admission fee, access)
　　☐ Exhibits (maps, event schedule)
　　☐ Public facilities (banks, ATMs, restrooms)
　　☐ Accommodation (rates, reservation)
　　☐ Restaurants  ☐ Local Specialty (Food or Souvenir)  ☐ Activities
　　☐ Others
What information do you particularly want on the Internet?
(Write in the space below.)

Where did you first learn about Setouchi International Art Festival?
　　☐ In Japan. (Where? _____)  ☐ In my home country.
　　☐ Never heard.
Islands visited or plan to visit during the Art Festival.
　　☐ Shodoshima  ☐ Teshima  ☐ Ogijima  ☐ Megijima  ☐ Inujima  ☐ Oshima
　　☐ None of them. / Not sure.

THANK YOU

# 第6章　豊島における地域づくり活動

原　直行、原ゼミ

## 1. はじめに

　1990年代、瀬戸内海に浮かぶ1つの島が日本の環境問題の中心地であった。香川県の豊島で起きた豊島産業廃棄物不法投棄事件である。この事件は、全国放送のテレビや新聞でもしばしば取り上げられ、日本のみならず海外からも広く注目された。公害・環境問題は座ってじっとしていても解決はしない。たとえ加害者と被害者が明確になったとしても、それだけでは解決しなかったのは豊島も同様である。豊島でも住民一丸となった闘いが、弁護士や支援者はもちろん、マスコミをも巻き込みながら、過ちを認めなかった香川県や排出事業者に対して延々と続けられ、やっと不可能とも言われた調停を実現させ、世界的にもほとんど前例のない汚染地帯の住民による買い取り、原状回復事業の実現をもたらしたのであった。1990年代の日本の住民運動の1つの到達点を示したのが豊島である。

　その住民運動のリーダーの一人であった方とお会いし、「一度豊島に来てみませんか」と誘いをうけ、初めて豊島を訪問したのは2006年12月であった。その時は豊島の産廃不法投棄現場の見学なども行ったが、もちかけられた話は、島の今後のあり方について、とくに自然や人々の暮らし、農業などを素材にした観光交流による地域活性化についてのアドバイスであった。豊島でも他の瀬戸内島しょ部と同様に、過疎化・高齢化の波は激しかったが、その人は豊島に移住した若者や新規就農者らと2005年に農事組合法人を作り、農産物の生産・販売を始め、さらに豊島での観光交流をも行おうとしていた。その法人の目標は「豊島に働く場所をつくろう」「豊島の荒廃地を再生維持しよう」「豊島の産品をつくろう」であった。自分の住む地域（島）について、自分たちの力で何とか事態を打開しようとそのあり方を考え、自ら実践活動によって地域づく

りを行っていたのである。ここからは大学（学生と教員）も多くを学ぶことができると思い、2007年度からゼミで取組むフィールドの1つとして豊島に定期的に通うこととなった。本学部が教育GPに取組む1年半前のことである。

　その後の詳細は以下に述べられるが、このように豊島の場合は既に地域づくり活動に大学が関わりを持っていた中で教育GPが始まった。豊島は地域づくりを教育研究する私の原点の1つである。自分たちのことは自分たちで考え、行動する。そのごく当たり前のことが実は非常に難しい。行政に頼りきりの地域も多いのだが、実は行政に多く頼っている地域とは大学との関係が長続きしない。また、大学が得られるものも多くない。豊島は2010年に瀬戸内国際芸術祭の開催地にもなり、今後の動向も注目される。まだまだ学ぶことの多い地域である。（原教員記す。以下の文章は学生が執筆したものに原教員が修正を加えたものである。）

## 2. 豊島の概況

　豊島は、瀬戸内海に浮かぶ島の一つであり、小豆島の西、岡山県玉野市のほぼ真東に位置する。面積は14.4km2で、瀬戸内海の島の中では中程度の大きさであり、行政上は香川県小豆郡土庄町に属する一部離島である。

　島の中央には標高339.8mの壇山がそびえ、また離島としては珍しく水が豊富で、かつては米を自給してなお島外に販売することができたという。

　豊島という名前の由来については、2つの説がある。一つが豊玉姫伝説という逸話によるという説、そしてもう一つが文字通り豊かな島という説である。豊島が豊かであることができたのは、前述の豊富な水資源によるものだということは疑いのないことだろう。

　豊島は産業廃棄物不法投棄事件で全国的に問題となった。この問題は香川県と一応の合意がついたが、現在も産業廃棄物の処理は行われており、完全な解決にはまだ至っていない。また、2010年には瀬戸内国際芸

術祭の舞台となり、8万人以上の集客があった。芸術祭は豊島に新たな
動きをもたらしたと言える。

　人口の推移をみた図表1から、豊島も他の離島と同じ問題に直面し
ていることがわかる。それは過疎化と高齢化である。島内には高校が
なく、島から高校に通うには1日3便の船を使って高松へ行くか、フェ
リーに乗って小豆島に行くしかない。それゆえ負担が大きく、豊島を離
れる人も少なくない。また、雇用不足も人口流出の原因の一つだ。1970
年には約2,500人いた人口も、2005年には半分近くになってしまってい
る。反面、高齢化率は上昇を続けている。また、2010年現在、豊島の人
口は1,000人余りだが、これは住民票が豊島にある数も含めており、実
際に豊島で生活している人間は1,000人を下回っているといわれている。
高齢化率も50%を超えており、空家もかなり多い。

　豊島の主な産業は農業と漁業である。（図表2参照）この二つは各集
落の特徴を表しており、海沿いの集落では漁業を、内陸側・丘陵側の集
落では農業が中心である。

　農業については、主に稲作と果樹栽培である。豊島の田畑は豊富な水
を利用した棚田が多く、その景観の美しさは有名であるが、耕地面積全
体、一筆当たりの耕地面積は大きくない。したがって大規模経営は成立
しにくく、高齢化の進行とともに耕作放棄地も増えている。また、豊島

図表1　人口の推移

| | 男性<br>（人） | 女性<br>（人） | 合計<br>（人） | 高齢化<br>率（%） |
|---|---|---|---|---|
| 1970年 | 1,164 | 1,348 | 2,512 | |
| 1975年 | 1,078 | 1,231 | 2,309 | |
| 1980年 | 966 | 1,096 | 2,062 | |
| 1985年 | 798 | 959 | 1,757 | 21.3 |
| 1990年 | 728 | 860 | 1,588 | 29.4 |
| 1995年 | 660 | 811 | 1,471 | 37.3 |
| 2000年 | 635 | 733 | 1,368 | 42.7 |
| 2005年 | 558 | 627 | 1,185 | 43.7 |

出所：『離島統計年報』（各年版）

図表2　産業別就労率（%）

| | 第1次<br>産業 | 第2次<br>産業 | 第3次<br>産業 |
|---|---|---|---|
| 1985年 | 31.1 | 31.9 | 37.0 |
| 1990年 | 29.2 | 24.0 | 46.8 |
| 1995年 | 30.0 | 25.0 | 45.0 |
| 2000年 | 26.6 | 26.4 | 47.0 |
| 2005年 | 24.0 | 24.7 | 51.3 |

出所：『離島統計年報』（各年版）

はその温暖な気候から果樹栽培に適しており、ミカンやオリーブ、イチ
ゴ、レモンなどが栽培されてきた。とくにイチゴでは、Ｉ・Ｕターンの
20〜40代の農家が精力的に生産を行い、中には加工、販売まで携わる、
いわゆる6次産業化もみられる。近年の輸入の増加や価格低下により農
業生産は厳しいが、同時に光明も見える。

　前述したように、豊島では教育GP以前から地域づくり活動に参画して
いたため、以下では活動を始めた2007年度から活動内容を紹介したい。

## 3. 2007年度の活動内容

### (1) アンケート調査の実施

　豊島での活動を開始するに際し、先ず「地域を知ること」に何よりも
焦点が当てられた。地域を知ることで、その地域の何を活かすべきか、
何ができるかを考えることができるからである。そのため、豊島に住む
16歳以上の全島民（516戸、約1,000人）を対象にアンケート調査を行った。
このアンケート調査は上記の目的に加え、学生たちが自分たちの足で豊
島を歩き、現状を見て認識する、また豊島住民と親睦を深めるという目
的も兼ねていた。アンケートの主な質問内容は、豊島のことをどう思っ
ているか、今後の豊島にどのようなエコツーリズムが必要か、であった。

　アンケートの配布・回収方法は、精度・回収率の向上のため、豊島全
516戸を学生がグループに分かれて一軒ずつ訪問し、調査の趣旨説明と
協力を依頼し、一週間後に回収に行くという方法をとった。それぞれの
グループには豊島住民1人に同行していただいた。

### (2) アンケートの結果

　以下、アンケートの調査結果について説明する。回答数は585人で
あった。男女比は男性45%、女性55%であった。年齢別では、10代（16
歳以上）1%、20代3%、30代6%、40代8%、50代20%、60代19%、
70代22%、80代16%、90代1%、不明4%であった。60代以上が58%、
70代以上だけでも39%、逆に20代までが4%、30代までででも10%と高齢

化の進展ぶりをここでも確認できる。

　この高齢化は職業別でみた場合にも反映されている。最も比率が高かったのが無職（37.6％）であり、次いで主婦（10.4％）、農業（9.2％）、自営業（6.2％）、会社員（5.3％）、漁業（4.8％）、福祉関係（3.2％）の順であった。回答のなかったものが15.7％もあり、これらを「無職」とした場合、無職が半分以上になる。

　次に、豊島の魅力を問う質問についてである。「豊島のいいと思うところは何か？」（３つまで選択可）に対して、最も多かったのが、どの年齢層でも「のんびりした静かな暮らし」であった。（図表３参照）次いで「新鮮な魚介類などの食生活」「騒音などの公害が少ない」「美しい自然環境」という順であった。年齢層別にみると、10代〜40代の回答は「新鮮な魚介類などの食生活」という回答が多く、50代以上では「美しい自然環境」という回答が集中した。

　今後の方向性を考えるための質問では「豊島の観光振興に必要なものは何か」、「豊島での都市農村交流に必要なものは何か」（両者とも３つまで選択可）という２つの質問を行った。前者では、年代を問わず「豊島の名物・特産品の開発」が多かった。（図表４参照）次いで「人材の確保・育成」が多かった。また、年代が上がるにつれて「豊島の歴史・文化の継承」を望む人の割合が増加していた。アートによる観光振興で

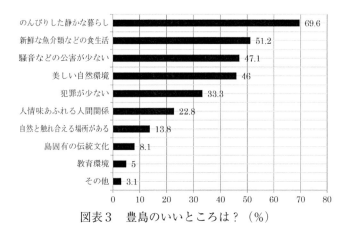

図表３　豊島のいいところは？（％）

観光客が急増している隣島「「アートの島」直島のような観光開発」も比較的多かった。

　後者の質問では、「荒れた棚田・畑の景観整備」が最も多かった。（図表5参照）棚田とそこから瀬戸内海を一望できる景観は他の地域には非常に少なく、島民自らも誇りを持っていることがわかる。現在の後継者・労働力不足からくる田畑の荒廃を多くの住民は残念に思っているであろう。次いで多かったのが「空き家を利用した宿泊施設」、「海や森での自然体験学習」であった。

　アンケートの分析結果について年度末に豊島で報告会を開いた。報告

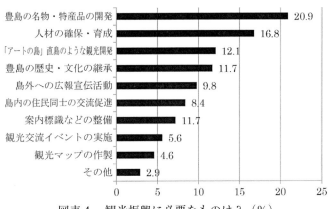

図表4　　観光振興に必要なものは？（％）

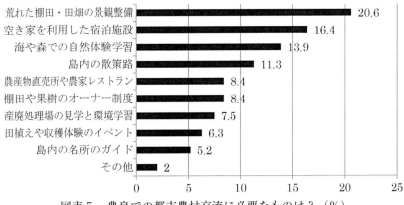

図表5　　豊島での都市農村交流に必要なものは？（％）

会には約20人の住民に参加いただき、意見交換では「これからも一緒に頑張ろう」という励ましの声もあれば、「これまでも豊島について研究する人は多くいたが、実際に豊島で何かを起こそうとする人はいなかった。だから、君たちもそうではないか」という厳しい意見もあった。確かに、後者の意見は過疎化に直面する住民の本音なのかもしれない。ただし、肯定的な意見も否定的な意見も、私たちの今後の活動に期待するが故のものではないだろうか。

　いずれにしても、このアンケート調査は豊島での活動の第1歩となった。この活動を通して、私たちは豊島をより知ることができ、また住民と私たちとの間に交流が生まれた。

## 4. 2008年度の活動内容

### (1) 資源発掘調査の実施

　アンケートの結果から今後の地域づくり活動の方向性がみえてきた。そこで2008年度の活動は、豊島の魅力の再発見、及び魅力を生かすための活動指針をより明確なものにするために、豊島の資源発掘、住民との共同作業、農事組合法人Tの企画するモデルツアーへの参加を中心に行った。具体的な活動内容は以下のようであった。

　　3月　シイタケ植菌作業への参加
　　4月　島遍路への参加
　　5月　水路浚渫作業への参加
　　6月　田植え体験モデルツアーへの参加
　　8月　豊島の食文化に関する聞き取り調査への参加
　　9月　竹の間伐＆島クルージングモデルツアーへの参加
　　10月　稲刈り体験モデルツアーへの参加
　　11月　住民へのインタビュー実施
　　12月　地元学[1]の実践

---

[1] 地元学については、吉本哲朗（2006）を参照。

　上記活動において、田植えや稲刈り体験はグリーン・ツーリズムになるうえ、豊島の魅力の１つである「美しい自然環境」を存分に堪能できるものとして可能性を認識することができた。また、竹の間伐体験では、伐った竹を使って流し素麺をしたが、本来処分されるはずの竹の活用により新しいものを持ち込まずとも、地域にあるものの使い方・組み合わせ方次第で新たな観光資源を生み出すことがわかった。

## （2）　地元学の実践

　また、12月に行われた地元学の実践は、その後の地域づくり活動にも基本的な理念が引き継いでいかれるものとなった。

　地元学とは「地元」に「学ぶ」ことである。地元に住んでいる人が主体となって、地元外の人と一緒に地元のことを学ぶこと。そこに住んでいる人にとっては当たり前の生活でも、地元外の人にとっては、それが「新鮮」で「価値」のあるものであったりする。

　地元学では、その「新鮮」で「価値」のあるものを探す。その「新鮮」で「価値」のあるものこそが、その地域の「個性」であり、「個性」を知ると、地元に自信と誇りが生まれる。そしてその自信や誇りが、独自の地域づくりにつながるものとなり、地域づくりの基盤となる。

　次に、そこで見つかったものを磨いたり、新しく組み合わせたりする。そしてそれらをモノづくり、生活づくり、地域づくりに役立てていく。

　この地元学は、そもそも水俣から生まれた。公害病によって疲弊した地域を、住民が協働で環境に特化して行動し、元気を取り戻したことから生まれたのである。

　奇しくも、豊島も同じく経済発展の陰で犠牲となった地域である。ならば、水俣と同じく地元学による地域の活性化を図れるのではないか、ということから豊島での地元学的な見地からの資源発掘を行ったのである。

　そして、学生と住民の共同での地元学調査によって、一枚の地図を作製した。（地図は省略）

## 5. 2009年度の活動内容

　2009年度の活動は、大きく分けて3つである。豊島村誌の文書化、モデルツアーの実施、そしてシイの森エコツアーの開発・実施である。2008年度までの活動から、豊島の魅力を知ることができ、また魅力を生かすための活動指針を明確にすることができた。そこで2009年度はより深く豊島を知ること、そして地域資源を生かした新しい観光プログラムの開発を行った。

### (1) 豊島村誌の文書化

　豊島には「豊島村誌」という1924年（大正3年）に編纂された、豊島の歴史・文化・生活・産業などについて記録された100ページ余りの本がある。しかし、この本は2冊しか現存しておらず、また筆記書体のため読みづらい。そこで、これをワープロでデータとして残すための文書化を行った。データ化しておけばアクセス等が容易になり、汎用性の向上が見込める。

　作業は徳島文理大学比較文化研究所の発行した研究報告書「豊島の民俗」に載っている「豊島村誌」の写しを判読し、文書化していった。崩し字などは判読しづらいため、文字の形及び前後の文脈から文字を推察することも多く、時間のかかる困難な作業であった。

### (2) モデルツアーの実施

　2009年度も昨年度に引き続き、学生及び豊島住民との合同モデルツアーを行った。その中で代表的なものが田植えと稲刈り体験モデルツアーである。

　これらは2008年度にも行ったが、今年度は学生・住民双方から意見を募り、田植え・稲刈りに加えて何ができるかを考えた。その結果、田植えの際には学生の提案から、水を張った田んぼで「泥んこバレー」大会を実施した。この泥んこバレーでは参加した学生・豊島側の参加者双方

が全身泥だらけになりながら楽しむことができた。終わる頃には初対面同士の学生と住民も打ち解けており、交流としてスポーツは有効な手段であることを確認できた。

　また、稲刈りの際には稲の藁を使ったわらじ作りを見学し、また豊島住民の方からの提案で、組んだ木の上に稲を掛け、乾燥させるという昔ながらの乾燥方式を試みた。

　どちらも豊島の魅力を一層引き出すことができ、学生・住民が互いに意見を出し合うことにより、幅広く考えることができることを実感した。

## 6. 豊島シイの森エコツアー

### （1）はじめに

　瀬戸内海に浮かぶ島、豊島の壇山頂上付近にあるシイの森をエコツアー[2]の資源としてとらえ、森の特徴や植生、そして森周辺の様子について調査を行った。香川県立小豆島高校の泉谷俊郎先生（生物）にもご指導いただきながら、森の生物や植物の生き残り戦略について知り、また何度も足を運ぶことによって見えてくる、この森ならではの雰囲気をどうすれば伝えることができるのかについて考え、エコツアーの体験プログラムを作成した。

田植え体験モデルツアー
（泥んこバレーの様子）

稲刈り体験モデルツアー

---

[2]　豊島シイの森エコツアーについては、節を改めてそのツアー内容を詳しく紹介したい。

## （2）豊島のシイの森について

### ①　スダジイの森

　豊島の豊峰権現社周辺に広がるスダジイの森は、そのふもとの集落に湧き出る「清水」の水源として、また豊峰権現社の鎮守の森として人々の生活に深く関わり、また信仰の対象として大切に守られてきた。シイを優先種とした温帯極相林の面影をとどめた大変貴重な森となっている。

　瀬戸内海は乾燥した地域が多く、スダジイは高温多湿の場所を好むため、瀬戸内海の島ではスダジイの森は他には見られず、大変特徴的である。

### ②　森の地面〜豊島の地質概要〜

### i) 豊島、壇山の地質

　シイの森が見られるのは、豊島中央付近の標高339.8mの壇山の山頂付近である。頂が平坦でまるでテーブルのような特徴的な山容は、遠くからでも良く見て取ることができる。このような地形は屋島をはじめ、女木島や高見島など香川県下の島や平地でよく見られる地形である。

　これらの地形はメサと呼ばれ、侵食に強く水平な堅い岩石の層に覆われ、周囲の一部を急壁で囲まれたテーブル状の地形のことである。これがさらに浸食を受け、小さくなったものがビュートと呼ばれ、香川県では飯野山がこれにあたる。

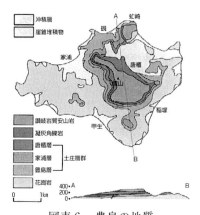

図表6　豊島の地質
出所：http://www.kubota.jp/urban/
　　　pdf/28/pdf/28_4_1.pdf

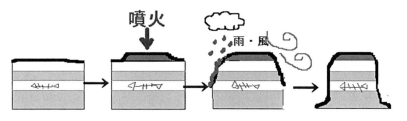

図表7　メサができるまで

　豊島を形作る地面を構成する地層は大きく分けると、基盤となる花崗岩、そして土庄層群、讃岐層群の３つの層群に分けることが出来る。

　花崗岩と呼ばれる、溶岩がゆっくり地中で冷え固まって出来た岩が豊島の基盤となっており、その

シイの森

上に土庄層と呼ばれる堆積岩の層群が見られる。これらの地層の中からは今から約1,600万年も昔の、瀬戸内海に生きていた貝や植物の化石が見つかっており、その時代や地層の特徴によって豊島層、家浦層、唐櫃層の３つに分類されている。

　さらにその上に、今から1,400万年から1,000万年前の活発な火山活動の際に噴出したとされる溶岩や灰が冷え固まって出来たとされる讃岐層群と呼ばれる層が乗っている。壇山の山頂付近ではこれらの讃岐層群が見られる。

### ii）シイの森の地面

　シイの森を歩いているとごつごつした大きな岩が目に付く。特に豊峰権現社の裏付近では安山岩の巨石が観察できる。シイの森は壇山の頂上付近にある。よって、硬い安山岩の上に乗っかるような形になっている。このため、シイの森の土はあまり厚くない。

　森で見られる安山岩は表面を見ると細かに波のような凹凸が観察され、横から見ると細かな亀裂が板状に入っている。このように板状に風化し亀裂が入っている状態を板状節理と呼ぶ。

## （3）スダジイの森全体の特徴

### ①　土が浅い

　スダジイの森は石の上に浅い土が乗っているような土地であり、そのためにスダジイをはじめ植物は地中深く根を張れないようである。樹高

20m弱のスダジイの木が根ごと斜めに倒れた状態で、もう何年もたっている。このように大きな木であってもしっかりとまっすぐ根を張ることが出来ないで根が持ち上がってしまっているのである。落ち葉の下には全体的にゴロゴロとした石があり、石のために植物の生えない場所もあった。

　また、数年前に人によってサカキを植えるために持ち込まれたマサ土がそのままの場所に、ほかの土に混ざらずに残っていることからも、土の浅さが伺える。

## ②　陰樹の森

　スダジイは陰生植物である。また、その樹冠の下の亜高木層・低木層・草本層もほとんどが陰生植物である。このような陰生植物の森は極相林またはクライマックスと呼ばれ、生物群集の遷移の最終段階にこのような陰性植物の森が見られると一般的には考えられている。そのため成長は非常に遅く、木の大きさの割にはCO2の固定量も少なくなってきていると考えられる。しかし、近年では極相林という考えに疑問も呈されており、植生の遷移についてはまだまだ不明な点が多く残されている。

　この森で特に目を引くのが発達したクチクラ層を持つスダジイ・ヒサカキ・ヤブニッケイなどの照葉樹である。照葉樹は一年中、緑の葉をつける南方系の植物で、スダジイ・クスノキなどは一年に一度、新芽が出そろった時期に一斉に葉を落とす。

## ③　乾燥した瀬戸内の森

　初めての調査前日、そして調査当日とスダジイの森にも雨がかなり降ったと考えられるが、落ち葉を手で払いのけて、少し掘ると乾いた土が出てきた。この森では降った雨はほとんどが土に浸みこまずに、落ち葉に受け止められたあと蒸発し水蒸気になっているのかもしれない。また、森には大きなスダジイの大木が何本もあり、普通ならばもっと苔むしていても良いが、あまり苔が生えていない。このことから、雨が降った直後は雨が蒸発し空中湿度が高まるが、一年を通じて雨が少ないために日頃は乾燥した森であると考えられる。

　見た目の雄大さとは裏腹に、意外に厳しい状況でこの森は生きている

のかもしれない。

## （4）シイの森歩き〜植生と植物の生き残り戦略〜

　シイの森を案内する際、植物や動物にあまり興味のない人でも親しみやすいように、生物の生き方を人間の経済社会における企業の生き残り戦略と対比しながら説明する。解説自体は専門的なものではないが、実際に森を歩きながら生き物を前にして聞くと素直に「なるほど」と感じることができる。一度「なるほど」と思うと、今まで見過ごしてきた植物の仕組みが「何でこうなっているのだろう？」と疑問に感じてくる。その繰りかえしによって、ただ森を歩くのとは一味違った森を味わうことができる。

　ここでは、植生や生物の生き残り戦略について、その内容を紹介したい。

### ①　シイの森の主な植物と階層構造

　植物は森の中でそれぞれが生きてゆくために、立体的に空間を棲み分けている。シイの森の一番高い地上約17mには主にシイを始め、カゴノキ、ヤブニッケイなどが高木層をなし、その一段低い、地上約12mの亜高木層には主にヤブニッケイが見られた。

　地上2〜6mの低木層にはシロダモ、ヤブニッケイ、カゴノキ、ヒサカキ、テイカカズラなどが見られ、森の一番低い場所、つまり地面には

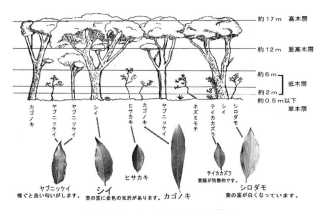

図表8　シイの森の階層構造

主にテイカカヅラ、ヤブラン、ジャノヒゲ、ヤブコウジなどが草本層を
なしている。

## ②　植物の生き残り戦略

　図表9は森を簡単に平面的な図に書き起こしたものになる。以下で説
明する植物や現象の観察できる場所を必要に応じてその解説の番号で記
している。

### i)　落葉樹と常緑樹

　日本に見られる植物の多くは冬に葉を落とす落葉樹と一年中葉を茂ら
せている常緑樹に分けられる。植物は生き残るための戦略として葉を残
すか、落とすかを冬の厳しさによって決定している。冬厳しい地方では
葉を残しておくよりも葉を落として新芽を春に出したほうが必要なエネ
ルギーが少なくなる。寒さが厳しいと葉で光合成によって作られるエネ
ルギーが、葉の維持に必要なエネルギーより少なくなってしまうためで
ある。一方、暖かい地域においては葉を落とさず残しておいた方が春に
新芽を出すよりも必要なエネルギーが少ない。冬場も暖かい地域では葉
で行われる光合成によって作り出されるエネルギーが葉の維持に必要な
エネルギーよりも大きいためである。

　冬には落ちてしまう落葉樹の葉は薄く柔らかく、逆に常緑樹の葉はク
チクラ層が発達し堅く丈夫な葉のつくりとなっている。

図表9　シイの森ツアー図

　また、水不足などの環境の悪化によって葉を維持してゆくことが困難になった場合は、企業が景気の悪化によって社員のリストラを行うように、樹は葉のリストラを行う。葉を落とすことによって葉を維持するために必要だったエネルギーを削減し、その樹自体が生き残ろうとするのである。

### ⅱ）紅葉の仕組み〜なぜ葉の色が変わるか〜

　秋になるともみじを初めとして多くの落葉樹は紅葉を始める。緑の葉が赤や黄色に変化してゆくのは緑色のクロロフィル（葉緑体）と黄色のカロチロイド（カロチン類とキサントフィル類）の二種類の色素の変化によって引き起こされる現象である。

　秋が深まり気温が低下してくると葉の働きが弱まり、クロロフィルが分解される。そして、クロロフィルの緑色に隠れて目立たなかったキサントフィルの黄色が目立つようになり、葉が黄色く紅葉するのである。

　では、なぜ赤色に紅葉する葉もあるのか。葉ではクロロフィルが減少してくる一方で、木々は冬に向けて葉を落とす準備を始める。葉の付け根にコルク質の離層という組織が作られ、物質の行き来がそこで妨げられるようになると光合成によって作られた糖まで葉に留まることになる。こうして葉から移動できなくなってしまった糖から赤い色素であるアントシアニンが作り出され、その色素によって葉は赤く変化するのである。

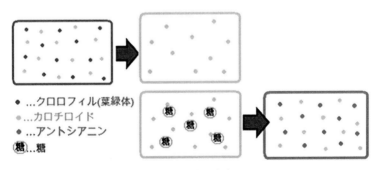

図表10　紅葉の仕組み

### iii）イヌビワとイヌビワコバチ

　森のギャップ付近や隅などところどころで小さなイヌビワがみられる。イヌビワは「ビワ」と名前についているが、イチジクの仲間で、イヌビワにはイチジクを小さくしたような実ができる。中に花あるいは実が入っているので花嚢（かのう）、果嚢（かのう）と呼び、イヌビワは雌雄異株でそれぞれが実をつける。

　イヌビワにはイヌビワコバチという、種子を作るためには欠かすことのできないパートナーがいる。

（春）　冬の間、雄株についた実の中で成長した雌のイヌビワコバチが開いた口から飛び立つ。この季節には雄株しか実をつけないのでイヌビワコバチの雌は雄のイヌビワの実の中に入り込み卵を産む。このときイヌビワの実の入り口が非常に狭いためイヌビワコバチの雌は羽や触角がとれてしまい、卵を産むと死んでしまう。

（夏）　雄株の実の中でイヌビワコバチは成長し成虫になる。雄には大きな顎があり羽がない。逆に雌には顎がなく羽がある。

　　　イヌビワコバチの雄は種子の皮を破り出てくると、同じ実の中にある雌の入っている種子の皮にも穴を開け、そのまま中にいる雌と交尾を行う。交尾を終えた雌は実の口から出るときに雄花の上を這い回り、自分の花粉袋に花粉を集めて雄株の実を飛び立つ。雄はそのまま実の中で死ぬ。

　　　この時期、雄株には若い実がなく雌のイヌビワコバチは雌株の実に入り込むしかない。こうしてイヌビワコバチによって花粉が雄の株から雌の株へと運ばれるのである。花粉を運んだイヌビワコバチは雌株の実の花柱が長いため産卵できずに実の中で死ぬ。

（秋・冬）　雄株にも若い実ができ始める。こうして雄株の実の中に入れたイヌビワコバチの雌は卵を産み、イヌビワは春までイヌビワコバチを守るゆりかごの役割を果たす。

　このように、ただそこにいるだけのように見える植物や生物だが、その色、形、動きをよくよく観察すると面白い発見や出会いがある。

### iv）テイカカヅラの変異

シイの森では、テイカカヅラと呼ばれる植物が地表を緑のじゅうたんのようにはっている。このテイカカヅラは、鎌倉時代初期の公家で歌人として有名な藤原定家（百人一首に「来ぬ人を　まつほの浦の夕凪に焼くや藻塩の　身もこがれつつ」という有名な歌を残している。）の墓に生えていたことからこの名前がついたという説がある。

テイカカヅラの特徴は独特の葉脈の走り方であり、同じ植物とは思えないほど葉の大きさや形状、時には質感まで変異していることが多々ある。

写真はシイの森やその周辺で採取したテイカカヅラの葉になる。テイカカヅラはこのように環境にあわせて自分の形状を柔軟に変化させて生きている。

### v）ギャップ～分解者のシイタケと陽樹の子供たち～

豊峰権現社への石段の左手側に、森のほかの場所とは雰囲気の違う場所がある。樹冠にぽっかりと穴が空き、光が入ってきている。2005年の台風でシイの木が折れてできたものである。

このようにそれまで光を遮っていた高木が折れたり枯れたりして林冠に穴が開いた状態になっている場所をギャップと呼び、暗いスダジイの森ではなかなか育たない、光をたくさん必要とする種類の植物であるサルトリイバラなどが侵入してきている。

その一方で、折れたシイの幹にはシイタケの菌が近くのホダ木から飛んできたのか、季節になると立派なシイタケが観察された。このシイタ

テイカカヅラの葉

ケ菌のように落ちた葉や動物の死骸などを分解し、そこから栄養を取って生活している生き物を分解者と呼ぶ。

　分解者の働きで、もともとは堅いはずのシイの幹も触るとポロポロと崩れ、柔らかいスポンジ状になってきている。こうして分解された幹や葉は土に還り、新たな植物の栄養として森を支える。目立たないが森の仕組みを支える大事な仕事を分解者は行っている。

### vi）シイの実

　シイの実を道路と豊峰権現社の上側の場所2ヶ所で拾い集めてその重さを測定し比較した。実は300個ずつそれぞれの場所で拾い、100個ずつに分けて3回重さを量り比較した。（図表10）結果はいずれも豊峰権現社の上側の場所で拾ったもののほうが重く、スダジイにとって上側のほうが生育条件としては望ましい環境なのかもしれない。

### （5）予行練習とエコツアーの実施

### ①　予行練習の実施

　7月20日（月）に香川大学の学生と教員、地元豊島住民の方に協力していただき、シイの森を案内した。

### ②　エコツアーの実施

　日本生物教育学会の第87回大会が小豆島・豊島で8月8日から10日まで開催された。9日の森林実習で、生物に関わる研究や調査、そして教育に携わる先生方に豊島シイの森を案内した。当日は、激しい雨で森の中は夜のように暗く、森歩きには不向きな天候だったが、全国から様々な分野の研究者の方が来られているということもあり、雨の中実習を行った。森では雨だということでマイマイやヤマナメクジ、シーボルトミミズなどの生物が出迎えてくれた。参加者は20人ほどで、森を案内す

図表10　シイの実の重さの比較

| | 1回目 | 2回目 | 3回目 | 平均 |
|---|---|---|---|---|
| 道路周辺の実 | 68.43g | 67.89g | 68.42g | 68.25g |
| 権現社上側の実 | 79.07g | 78.40g | 80.50g | 79.34g |

るには少し人数が多く、雨音も大きかったために十分声が全員に届いて
いるか不安だった。

　参加者の中には、地質の専門家や貝の専門家などがいて、7月20日の
ように一方的に説明するだけでなく森の地質や見つけた生き物について
など、詳しい方にそれぞれ説明をしてもらうという場面が何度かあっ
た。雨に震えながらのエコツアーではあったが、いろいろな分野の先生
方の意見が聞け、貴重な機会となった。

### （6）シイの森エコツアーの今後

　豊島のスダジイの森をエコツアーの資源と考え、調査を行うとともに
森を案内する体験プログラムを考案した。シイの森は立派な森ではある
が、小さな森でもある。歩けば15分程度で見て回れるぐらいの広さだ
が、じっくり観察し、触れたり考えたりしていると1日があっという間
に過ぎてしまう面白い場所でもある。

　エコツアーというと、屋久島や白神山地など世界自然遺産のような大
自然のあるところで行われるイメージが強い。しかし、今回豊島で行っ
たプログラムのように人の生活と密接に関わってきた身近な自然に目を
向け、知的好奇心を満たすような驚きや発見をし、また地域の歴史や文
化に触れ、理解する。身近な自然をよく観察し、いろいろな感じ方・考
え方をしてみる。そのようなツアーにもエコツアーの価値や面白みがあ
ることがわかった。

　シイの森歩きエコツアーの体験プログラムは、調査した内容、プログ
ラム内容ともに記録に残し、今後、豊島住民の方々が単独でもインター
プリターとしてプログラムを実施・案内できるような形にした。

## 7．2010年度の活動内容

### （1）地元学による観光資源調査の実施

　2010年度の活動は、地元学的見地から、豊島の集落内の観光資源調査
を行い、それに基づきまち歩きツアーを実施した。

　観光資源の調査方法は、毎月2回豊島に行き、1度目の調査では学生と住民で集落内を巡り、気になったもの、面白そうなものを見つけ記録する。そして2回目の訪問までに、それについて学生が文献調査を行い、2回目の訪問では実際にそれにまつわる詳しい話を住民から聞くというものである。この調査を唐櫃岡集落、家浦浜集落を中心に行った。

　以下では、唐櫃岡集落における観光資源調査の一端を紹介する。

### ①　十輪寺

・唐櫃岡集落から瀬戸内海を眼下に見る壇山中腹にある真言宗の寺で、本尊は聖観世音菩薩である。

・檀家は主に唐櫃岡・浜集落の家である。

・慶応年間に火事があり、本堂が再建された経緯がある。

・写真は1974年（昭和49年）に土庄町指定文化財に指定された十輪寺護摩堂。1867年（慶応3年）建立。正面の東西三方に半間幅の広縁を付け、三間四方の方形堂、本瓦敷きの優雅な建造物。特に屋根の頂上から四方へ広がる扇垂木の様式を用いた軒は美しい。また向拝正面上部には精巧な龍の彫刻が施されている。（『土庄町誌』より）

・写真は護摩堂正面の両柱を支える礎石に施された相撲力士の彫刻。たくましい表情が絶妙に表現されている。（『土庄町誌』より）

・写真は唐櫃岡六地蔵。寺の裏手には
墓地があり、墓石に「天保」、「文
政」、「亨和」と記された相当古い墓
もある。六地蔵の近くにはピラミッ
ド状に積まれた墓がある。これは無
縁墓で唐櫃浜にも同様同型のものが
ある。

・墓地奥には写真のような古い墓が並
んでいる。これは「参り墓」で、現
地では「ざんとば」と呼ばれる。豊
島はかつて両墓制であり、死体を埋
める「埋め墓」とお参りする「参り
墓」とに分かれていた。「埋め墓」
は海岸部に造られ、お参りはこの
「参り墓」で行われていた。

・上の墓は地元産の豊島石で造られている。

② 牛

・これは肉牛の種牛である。戦前は、
豊島では牛は肥料確保と農耕のため
に利用されていた。

・戦後、豊島では酪農が盛んになっ
た。1970年代には1軒につき乳牛1
〜2頭を飼っていた。当時は、1頭
の乳牛からサラリーマンの給料1ヶ
月分程度の収入があったという。

・しかし、豊島での酪農は小規模経営であり、その後の酪農の規模拡大
競争により衰退してしまった。現在、豊島で乳牛を飼養している家は
ほとんどいない。

③　ヨツド

・唐櫃岡集落の中心に位置する道が交
　差する空間。

・地域の人は「四ツ道」と書くと思っ
　ていたらしく、そのとおり4本の道
　が交わる場所と考えているようだっ
　た。しかし、主要な道は3本しか交
　わっていない。

・「ヨツド」の由来

　「豊島村誌」によれば、故高橋和三郎氏の著書『安田村誌』には、「昔
は各村共四つ堂というものがあり、この堂は四角四面の草屋葺で地蔵
尊を祀る場所であった。この場所は、行路の病人を宿らせ、村で世話
をする場所であり、また彼岸には老人が相集まり縁物を唱える場所で
あった。平時には子供の遊び場となっていた。明治になり、次第にそ
の必要性が薄れるにつれ、明治晩年までにそのほとんどが取り壊され
た。」(「豊島の民俗」より)

　この場所には豊島唐櫃岡集落の四つ堂があったため、そう呼ばれて
いるのだろう。

・ここは隣の甲生集落、家浦集落を結ぶヨコの道であり、海（及び唐櫃
　浜集落）と山（及び十輪寺）を結ぶタテの道の結節点である。

・ヨコの道は物資運搬のための道であり、かつては毎朝出荷するミルク
　もこの場所に集められた。

・タテの道は信仰の道でもあり、海からお寺や山（天上）に向う、すな
　わち「あの世」に向う道だったのではないだろうか。かつて、この集
　落では葬式の際、遺体を送り出す遺族は必ず「ヨツド」を通るように
　決められていたという。物資だけでなく、人も生（「この世」）と死
　（「あの世」）の別れの場所だったのではないだろうか。

・ここではかつて盆踊りが行われており、大勢の人が集まったという。
　だが、その後より広い旧唐櫃小学校のグラウンドに変えたところ、人

が集まらなくなったという。そのため、1960年頃に中止されてしまった。（ただ、2〜3年前に再び開催されるようになった。）

　盆踊りは、お盆に還ってきた祖霊を慰める霊鎮めの行事だという。妄想かもしれないが、この集落で亡くなった霊が家族や仲間に会いに還ってくる場所なのかもしれない。

・この祠は島遍路の1つである。本尊は聖観世音菩薩。本寺は法華山・一乗寺である。

・ここにいつから、誰がお祀りを始めたのかは定かではない。

・豊島石で造られている。円筒形の仏がんは非常に珍しいが豊島ではこの形が一般的である。

## （2）まち歩きツアーの実施

　上記の観光資源調査の結果を活用し、唐櫃岡集落と家浦浜集落でまち歩きツアーのルートを作成し、実際に観光客対象にツアーを実施した。ツアーの実施は、瀬戸内国際芸術祭期間中に合わせ8〜10月に行った。唐櫃岡集落でのツアーは学生を対象にモデルツアーを2回、そして観光客を対象に2回（48人）に行った。また、家浦浜集落でのまち歩きツアーは学生対象モデルツアーを2回、観光客（豊島住民を含む）を対象に3回（7人）催行した。ツアーの実施にあたっては、香川県観光課振興の協力を得て、実際のまち歩きルート、解説に対してアドバイスを受け、さらに、同課発行の県下まち歩きツアーを紹介したパンフレットに1コースとして掲載してもらい、参加者を募った。

　ツアー参加者の多くは、瀬戸内国際芸術祭で豊島に興味を持ったが、初めての来島のため案内してほしいというものであった。そのため、景色の美しさや芸術作品のみならず、豊島の自然や歴史、文化など解説したことの多くに感動してもらい、私たちの励みになった。

　また、ツアーでは手書きの地図を配布したが、今後は豊島住民自身で
もまち歩きツアーを実施してほしいし、その意思を持っている住民もい
るため、データとして改めて地図及び資料を作製した。図表11はその一
例である。

## 8. おわりに

　2007年から豊島での活動を続けてきたが、活動の際に常々感じられた
のは、住民の豊島に対する誇りと情熱であった。地域活性化といって
も、その地域に住む人たちが誇りと情熱を持ち、地域の豊かさを感じら
れなくては本当の活性化とはいえない。豊島の住民たちならば豊島にふ
さわしい豊かさを見失うことなく、邁進し続けていくことだろう。

　教育GPとしてはこれで終了となるが、今後も豊島との関わりは続い
ていく。今後も住民と一体になってその豊かさを追求していきたい。

　最後になったが、この活動中、豊島の方々には大変お世話になった。
報告の締めくくりに代えて、お礼を申し上げたい。

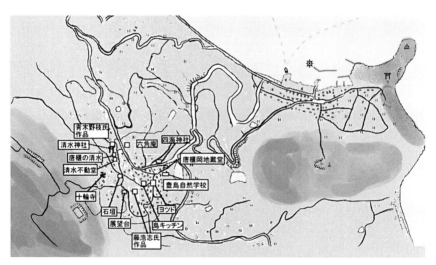

図表11　まち歩きツアーマップ（豊島唐櫃岡集落）

## 参考文献・参考URL

奥村　清・佐藤昭義（1999）「小豆島及び豊島の土庄層群について」『鳴門教育大学研究紀要　自然科学編』、pp. 1 -13.

斉藤　実監修（1979）『香川県　地学のガイド　香川県の地質とその生い立ち』、コロナ社

豊島・島づくり委員会（2006）「豊島のお大師さん　豊島の西国三十三箇所めぐり」

徳島文理大学比較部門研究所文化部門（1986）「豊島の民俗」

土庄町誌編集委員会・香川県小豆郡土庄町教育委員会（1971）『土庄町誌』

日本離島センター（各年版）『離島統計年報』

農事組合法人てしまむら（2008）「唐櫃自然学校　フォルケホイスコーレを目指して」

吉本哲朗（2006）「町や村の元気を作る「地元学」」『Consultant』（建設コンサルタンツ協会誌）、233号


「イヌビワとイヌビワコバチ」
　http://www.geocities.co.jp/NatureLand/1891/inubiwa/inubiwa2.html
　2009.6.19アクセス
「讃岐平野の生い立ち」
　http://www.kubota.jp/urban/pdf/28/pdf/28_4_1.pdf　2007.2.19アクセス

# 第7章　塩江町上西地区における 地域づくり活動

原　直行、原ゼミ

## 1. はじめに

　高松市塩江町上西地区との出会いは、2008年秋だった。旧塩江町は温泉郷を有する観光地を持った農山村であったが、2005年に高松市と合併した以降も依然として続く過疎化、高齢化、集客減少に対して、地域資源を生かした観光振興を図っていくことになり、そのアドバイスを求められたのである。その際、塩江温泉観光協会、塩江温泉旅館飲食協同組合をはじめとした観光まちづくりやNPO活動で地域づくりを行っている組織・人と会ったが、一際注目したのがNPO奥塩江交流ボランティア協会である。中でも、同協会会長のO氏の考え方と行動力は抜きん出ていた。同協会は上西交流館「モモの広場」（元上西中学校、上西保育所の施設）を拠点として、自然と人情の残る奥塩江を舞台に、持続可能な社会につがる価値観を大切にしながら、住む人と訪れる人の、のんびり、ゆったり、心豊かな交流活動を進めている。メンバーは主に地元の方々で構成され、主な事業としては、まんぷく会（食事会と演奏鑑賞等を伴った交流会）、登山・山里ハイキング（竜王・大滝登山、山里集落の景色を体感するハイキング）、環境ブートキャンプ（自然豊かな立地のなかで、子供たちが地球環境について学ぶ林間学校）、石仏調査事業（地区に残っている石仏類の調査・整備）である。

　このように、自分たちの地域の現状、将来のことを真剣に考え、そして実際に行動に移せる仲間が地域の内外にいる。何よりも過疎化、高齢化が深刻化しているにもかかわらず、自立していこうとする姿勢に大変惹きつけられた。どうしても必要な部分は助成金に頼るが、それも競争的な助成金であり、毎回、しっかり活動計画を立てた上でのことである。

　私は、本学部の教育GPの話を説明し、大学として上西地区の地域づ

くり活動に参画することができるかを尋ねたところ、Ｏ氏は大変興味をもってくださり、「学生さんに上西のことを考えてもらえたら大変ありがたい」ということで、2009年4月（2009年度）より上西地区を「現場主義に基づく地域づくり参画型教育」のフィールドの1つとすることとなった。2008年度は私がすでに他の教育研究遂行中のため、上西地区に入る余裕がなかった。おりしも2009年度よりＯ氏が上西地区連合自治会（上西コミュニティ協議会）会長に選出され、地域自治面でも同地区のリーダー的存在となったことも大学側が地域に入りやすい土壌条件になった。

　こうして上西地区における「現場主義に基づく地域づくり参画型教育」が始まった。詳細は以下に述べられる通りだが、何と言っても、住民の地域に対する思いの強さ、そして考え、行政や大学に依存することなく自ら行動するエネルギーは、「地域づくりとは何か、そしてどうやるのか」について、学生のみならず、教員である私自身もいつも学ばされているところである。（原教員記す。以下の文章は学生が執筆したものに原教員が修正を加えたものである。）

## 2. 塩江町上西地区の概況

### （1）塩江町とは

　塩江町は1956年に塩江村、安原村、上西村の三つの村が合併し誕生した町である。しかし、平成の大合併で2005年に高松市へ編入合併され、現在は高松市の1つの町である。香川県のほぼ中央部最南端に位置し、讃岐山脈を越えると徳島県（美馬市）と接している県境の町である。（図表1参照）町域は東西10.5km、南北8.5km、総面積80.1平方kmとやや東西に長い三角形の形状をなしている。また、竜王山と大滝山を主峰とする讃岐山脈に源を発する内場川、椛川などの支流を合わせた香東川が南流し、地形的には南高北低の急斜面をなしており、総面積の84％を山林が占める、阿讃山麓における峡谷型の代表ともなっている。

　塩江町の人口は1960年には6,739人いたが、2000年では3,640人まで減少しており、他の中山間地域同様に過疎化、高齢化が激しい。（図表2参照）

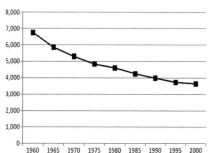

図表1　塩江町の位置　　　　　　図表2　（旧）塩江町の人口の推移

出所：総務省統計局／国勢調査（2000年）より作成

　塩江町の経済は、観光業がメインとなってきた。これは約1,300年前、名僧行基が発見し、弘法大師によって広められたと言われる塩江温泉を中心として、県下有数の観光地として脚光を浴びたからである。高松市中心部—塩江間は車で40分と交通の便も良く、加えて、塩江町は阿讃山脈のふもとに位置し、自然休養村、県立自然公園も有して四季の美しい自然景観を眺めることができる。だが、近年の観光客減少は顕著でかつての観光地としての賑わいはない。現在、塩江では新しい観光を取り入れて観光地としての再生に向けて動き出したところである。

　一方、農業では中山間地域であるため経営規模が小さく、稲作と野菜（ゴボウ、キャベツ、キュウリ、白菜、トマトなど）、茶が主に栽培されているが、盛んではない。過疎化、高齢化の進行で耕作放棄地も増加している。

　後論の関係上、医療・福祉についても簡単にふれておく。医療・福祉施設としては、塩江病院、介護老人保健施設がある。塩江病院は町内唯一の病院であり、多くの住民が通院している。診療科目は内科、外科、整形外科、リハビリテーション科、歯科である。診療科目に眼科がないため、眼科の診察を受けたい患者は町外に通院している。また、塩江病院では患者専用の無料送迎バスが、曜日指定で運行されている。

## （2）塩江町上西地区とは

　塩江町は、塩江地区、安原地区、上西地区の3地区で構成されてい

る。中でも上西地区は最も南側に位置する地区である。また、二級河川
香東川上流部にある県下最大級の内場ダムの上流域に位置しており、徳
島県との県境をなす香川県第一の高峰竜王山（1,059m）や弘法大師ゆ
かりの大滝山（946m）など、1,000m級の山々に囲まれている、自然の
景観が美しい山村地域である。

　上西地区は14の集落で構成され、北から順に、内場池の谷、城原、荒
小向、桧、焼堂石打、貝の股、物言川、一ツ内、堀山、細井、松尾、小
出川、真名屋敷、大屋敷と続き、南に行くにつれて山がちの集落となる。
全世帯は約200戸、人口500人ほどだが、過疎化や高齢化の進行が塩江町
では最も激しく、独居老人世帯や空家が増加しているのが現状である。

　先述したように、この上西地区が本学部の教育GPの舞台の１つであ
る。以下では、地域づくり活動への参画について具体的に述べていく。

## 3. 住民対象のアンケート調査の実施

　ここでは、2009年度に上西地区全世帯（約
200戸）を対象に実施したアンケート調査の
分析を行いたい。このアンケート調査はこれ
から上西地区に入っていくにあたって、住民
からみた上西地区の現状、魅力、課題を明ら
かにするために実施した。

アンケート調査時の様子

### （1）住民の個人属性

　回答者数は201人、男女比は男性
44％、女性56％だった。

　年齢層については、図表３による
と、70代の比率が30％と最も高く、次
に80代（18％）、60代（15％）が高い
ことがわかる。70代以上が全体の半数
以上を占めており、60代を含めると全

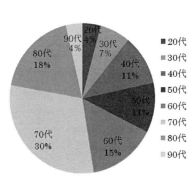

図表３　年齢層

体の2/3を占め、高齢化が非常に進んでいる地域ということがわかる。

　職業については、農業が39％と最も高く、次に無職（20％）、会社員（16％）が高い。また、住民の職場は大部分が塩江町である。

## （2）住民の日常生活
### ①　買物

　日常品の買物をする場所については、隣町であるが最寄りのスーパーがある香川町が94％と最も高い。住民のほとんどは香川町で買物をしている。

　買物に出かける際の交通手段については、40％を占める車（自家用車）が最も高い。次いでバス（31％）、知人の車（13％）、自転車、タクシー（ともに8％）の順に高い。また、買物に出かける際にかかる時間については、30分が全体の58％を占めて最も高く、次に40分（20％）が高い。平均では29.6分である。上西住民は日常生活の買物をする際、塩江町ではなく隣町の香川町まで30分かけて出かけなければならず、負担が大きいことが伺える。

### ②　病院

　病院については、住民の20％が通院している。通院している病院の所在は塩江町が68％を占めて最も高く、次いで香川町（28％）が高い。通院の交通手段については、自家用車が49％と最も高く、次いでコミュニティバス（18％）、病院が運行している車（14％）、知人の車（9％）、タクシー（6％）という順で高い。

### ③　日常生活で不便に感じること

　日常生活を送る上で不便に感じることについて、自由記述回答で一番多かったのが「交通の便が悪い」（23票）であり、次いで「車に乗れない。将来乗れなくなるかもしれない。」（5票）、「雪などで道路が凍結する」（4票）、「タクシー代が高い」（4票）、という意見である。また、日常生活における交通については、不便と回答した人は35％である。

### ④　余暇の過ごし方

　住民の余暇の過ごし方については、「テレビを見る」が40％で最も高

く、次いで「家庭菜園」（20%）、「新聞や本を読む」（13%）、「散歩をする」（11%）という順で高い。

　次に余暇にやってみたいことについて、自由記述回答で一番多かったのが「ゆっくり休みたい」、「スポーツをしたい」、「音楽、カラオケ」（ともに4票）である。

### （3）上西地区の現状と今後

　上西地区の現在のイメージについて、5段階評価で回答してもらった。図表4によると、「高齢化が進んでいる」が4.68で最も高い。次いで「緑が美しい」（4.63）、「過疎化が進んでいる」（4.52）、「空気・水がきれい」（4.37）、「四季の変化が美しい」（4.32）という順で高いことがわかる。

　また、上西の好きなところについて、自由記述回答では「緑、自然がきれいなところ」（36票）が一番多く、次いで「空気、水がきれいなところ」（19票）、「温泉があるところ」（12票）という意見が多い。

　上西地区は自然が豊かで緑が美しい町である一方、高齢化・過疎化を問題だと多くの人が考えている。

　さらに、これからの上西はどうするべきかについて5段階評価で回答してもらった。図表5によると「空気の美しさを維持する」が4.42と最も高く、次いで「緑の美しさを維持する」（4.41）、「四季の変化の美し

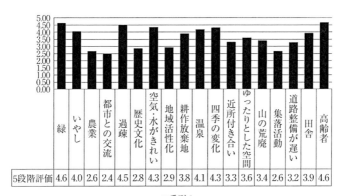

| | 緑 | いやし | 農業 | 都市との交流 | 過疎 | 歴史文化 | 空気・水がきれい | 地域活性化 | 耕作放棄地 | 温泉 | 四季の変化 | 近所付き合い | ゆったりとした空間 | 山の荒廃 | 集落活動 | 道路整備が遅い | 田舎 | 高齢者 |
|---|---|---|---|---|---|---|---|---|---|---|---|---|---|---|---|---|---|---|
| 5段階評価 | 4.6 | 4.0 | 2.6 | 2.4 | 4.5 | 2.8 | 4.3 | 2.9 | 3.8 | 4.1 | 4.3 | 3.3 | 3.6 | 3.4 | 2.6 | 3.2 | 3.9 | 4.6 |

■系列1

図表4　上西の現在のイメージ

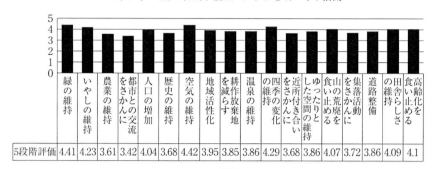

| | 緑の維持 | いやしの維持 | 農業の維持 | をさかんに都市との交流 | 人口の増加 | 歴史の維持 | 空気の維持 | 地域活性化 | を減らす耕作放棄地 | 温泉の維持 | の変化四季 | をさかんに近所付き合い | した空間の維持ゆったりと | を食い止める山の荒廃 | をさかんに集落活動 | 道路整備 | の維持田舎らしさ | 食い止める高齢化を |
|---|---|---|---|---|---|---|---|---|---|---|---|---|---|---|---|---|---|---|
| 5段階評価 | 4.41 | 4.23 | 3.61 | 3.42 | 4.04 | 3.68 | 4.42 | 3.95 | 3.85 | 3.86 | 4.29 | 3.68 | 3.86 | 4.07 | 3.72 | 3.86 | 4.09 | 4.1 |

■系列1

図表5　これからの上西はどうするべきか

さを維持する」（4.29）という順で高い。自然の美しさを守っていきたいという意見が多いことがわかる。

　また、図表4と5を比較すると、住民は農業の活性化、都市との交流、集落活動の活性化を必要としていることがわかる。住民は上西について、「好き」（63％）、「非常に好き」（19％）と答えた比率が8割を超えている。地域の今後を案じているのであろう。

　ところで、今後参加したいイベントについては、「お宮の祭り」が34％で最も高く、次いで「住民同士でおしゃべりをする」（17％）、「カラオケ大会・うたごえ喫茶」（17％）という順で高い。

　以上のことから、上西地区は過疎化・高齢化が進む農山村であること、日常生活では買物や通院に時間がかかるうえ交通も不便あること、住民は上西地区が好きでとくに自然が豊かで美しいと高く評価していること、地元住民や都市住民との交流等により地域の活性化が必要であると考えていること、などが明らかになった。

　この結果を上西地区住民に発表し、今後の活動について協議した。

　その結果、2つの取組みを行うこととなった。1つは交通不便の問題解決である。とくに現在交通手段が非常に限られている住民の交通不便の問題である。これに対しては、どのような解決方法があるかを大学に戻って調べ、その後オンデマンドタクシーの導入を提案した。そして、オンデマンドタクシー実施に向けてさらなる調査と実施策の提案をする

こととなった。

　もう１つは上西地区住民の交流
についてである。住民は地元住民
や都市住民との交流の機会を望
んでいることがわかった。そこ
で、先ず住民同士の交流の機会を
設けることから始めることとし、
NPO奥塩江交流ボランティア協

住民との協議時の様子

会の協力の下、モモの広場のイベントとして「映画上映会」と「うたご
え喫茶」という地域活性化イベントの企画・実施をすることとなった。

　以下、オンデマンドタクシーの導入を中心に、２つの取組みについて
説明していく。

## 4．オンデマンドタクシーとは

　ここでオンデマンドタクシーとは何かについて説明したい。[1]

　オンデマンドタクシーを含むデマンド型交通システムとは、一般的に
複数の利用者の移動に関する要望（時刻、行き先）に応じ、そのつど運
行経路や時刻表を決定して運行する、乗合型の交通手段である。近年、
過疎化に伴い路線バスが撤退した地域や、在来バスの導入が困難である
地域において導入の期待が高まり、多くの地方自治体で導入が相次いで
いる。また、バス交通が整備されている地域であったとしても、バス停
までの歩行が困難である高齢者も多く、こうした市民（移動困難者）の
生活の足を確保するために、バス交通よりもきめ細やかな交通サービス
を提供できる点でデマンド型交通は脚光を浴びている。

　デマンド型交通の特徴は、「複数利用者で乗り合い」、「各利用者の行き
先に応じて運行経路やダイヤをその都度決定する」という運行形態をと

---

[1] オンデマンドタクシーについては、猪井博登・竹内　龍介（著）、秋山哲男・吉田
樹（編さん）（2009）『生活支援の地方公共交通』学芸出版社、chapter6に依拠
している。

る点である。前者は運賃を支払えば誰でも乗れるバスの特徴と同様であり、後者は1人1人の異なる行き先に応じて経路が決定するタクシーと同様である。つまり、デマンド型交通とは事業者が車両を保有し運行を行うが、経路やダイヤは利用者に応じて決定されるタクシーと、定時定路線型の運行をする乗合バスの中間に位置付けられる交通機関である。

　また、デマンド型交通は、乗合バスとは異なり、複数の利用者の予約に応じて柔軟な運行ができる特徴を持つ交通機関である。したがって、デマンド型交通の導入を検討するに当たり、導入目的、対象利用者を明確にし、次に対象とするエリアを把握し、その上で運行システム（運行形態、予約・配車システム、運賃設定など）を検討する必要がある。

　デマンド型交通の運行形態は路線の設定方法によって大きく分けて2種類あり、一路線でカバーできる対象エリアの範囲が異なる。1つは、在来型乗合バスの路線とほぼ同様の路線・ダイヤ設定を行い、一部区間に限り、利用者からの予約がある場合は迂回して運行する形態の「簡易型」である。もう1つは、利用者の予約に応じて設定されたエリア内でその都度経路やダイヤを決定し運行する「エリア型」である。この「簡易型」と「エリア型」について、路線や経路の設定方法、起終点の設定方法、ダイヤの設定方法などさらに細かく分類できる。

　したがって、デマンド型交通の導入を検討する際には、対象地域の既存交通や住民のニーズを正確に把握し、地域の状況に応じて運行形態を選択する必要がある。そのため、地域住民の移動実態や生活支援交通の利用実態を調査することが非常に重要である。地域の現状を把握するために、地域住民を対象としたアンケート調査や聞取り調査を実施したり、事業所からデータ提供を受けて正確なデータを集めることが重要である。

## 5．上西地区における交通移動実態に関する調査

### （1）聞取り調査の実施

　住民の日常生活の移動実態や、コミュニティバスの利用実態を調査するため、2010年5〜6月に上西地区で利用実態が異なると予想される集

落の住民を対象に聞取り調査を行った。調査内容は年齢、家族構成、外
出する際の交通手段、コミュニティバスの利用実態についてであるが、
とくにオンデマンドタクシーを必要としている住民や集落を明らかにす
ることを目的とした。また、上西地区の各集落は世帯数が少なく、住民
同士は全員顔見知りであるため、集落全体の状況について詳しい各区長
に主に話を伺った。具体的には、真名屋敷、小出川、貝の股、焼堂、石
打、一ツ内、桧、細井、物言川、別子、大屋敷の各集落である。

　以下では聞取り調査の結果明らかになった、コミュニティバスの利用
実態の異なる典型的な集落についてのみ概略を示す。

① 桧：コミュニティバスを利用の事例

　桧では、女性（70代）から話を伺うことができた。桧はコミュニティ
バスの停留所までの距離が非常に近い集落である。

　女性は自家用車を保有しているが、自宅の目の前にコミュニティバス
の停留所があり、さらに運賃が100円と安価であるため、頻繁にコミュ
ニティバスを利用していた。便数、運賃などコミュニティバスに関して
不満はない。また、停留所までの距離が近く利用しやすいため、多くの
桧の住民はコミュニティバスを利用しているとのことだった。このこと
から、桧はコミュニティバスを利用しやすい集落であるといえる。

② 物言川：コミュニティバス利用なし、自家用車を利用の事例

　物言川では、男性（76歳と74歳）2人から話を伺うことができた。物
言川は8軒14人の集落である。70代の住民が多く上西地区では比較的若
い集落である。ここでは全世帯が車を保有している。

　76歳の男性は妻（72歳）、息子（53歳）との3人暮らしであり、3人
とも車を保有し運転している。交通に関しては不便に感じていない。今
までコミュニティバスを利用したことはなく、将来車を運転できなく
なったとしても、息子が同居しているため、コミュニティバスを利用す
ることはないと言われていた。

　74歳の男性は妻（65歳）と2人暮らしである。車の運転ができるため、
交通の不便は感じておらず、コミュニティバスの利用もなかった。

　物言川では、他の集落と比較して若い人（70代）が多く、自家用車を利用しているため、交通に関して不便に感じておらず、さらにコミュニティバス、タクシーを利用している住民もいないことがわかった。

③　貝の股：コミュニティバス利用なし、自家用車利用の事例

　貝の股では、集落でも地理的条件の異なる3人（男性2人、女性1人）から話を伺った。

　先ず、山麓の県道付近に住む女性（81歳）は自家用車を保有していないが、病院の送迎バスが自宅の前まで迎えにきてくれるため、交通の不便は感じていない。コミュニティバスの停留所も自宅付近にあるため、夫は頻繁に利用しているという。

　山腹部に住む男性（83歳）は妻と二人暮らしで自家用車は保有していない。足が不自由であるが、病院に通院する際は病院の送迎バスが自宅付近まで迎えにきてくれるため、それを利用している。また、息子が近所に住んでおり外出の時は乗せてもらっているため、コミュニティバスを利用することはないとのことだった。

　最も高地に住む男性（83歳）は一人暮らしであり、現在は自家用車を運転して塩江病院に通院している。コミュニティバスの停留所までは5kmもあり、さらにひどい山道であるため、利用したくてもできないという。高齢であるため、運転ができなくなった時を不安に感じていた。

　貝の股で聞取り調査をした結果、自家用車を保有しており運転ができる住民、近所に家族（息子・娘など）が住んでいる住民は、交通に関して不自由していないことがわかった。また、高齢で足腰が悪く、自宅から停留所までの起伏に富んだ山道を歩くことが困難であるため、コミュニティバスを利用している住民はほとんどいなかった。さらに、貝の股では毎週土曜日に塩江病院のバスが送迎していることがわかった。月に1回通院している住民は、コミュニティバスではなく自宅付近まで送迎してくれる病院バスを利用して通院していた。

④　真名屋敷：コミュニティバス利用なし、自家用車なしの事例

　真名屋敷は7世帯9人が住んでいる集落である。そのうち5世帯は、

女性が一人で生活をしている独居老人世帯である。真名屋敷は上西地区の中で最も山深い集落であり、高齢化や空家の増加が問題となっている。

　真名屋での聞取り調査では、6人（70歳女性、80歳女性、73歳女性、72歳女性、77歳女性、87歳男性）の住民から話を伺った。聞取り調査の結果、家族（息子や娘、孫など）が近くに住んでいる場合は、病院や買物に行く時に車を出してくれるため、交通に関して不便に感じていないことがわかった。一方、独居老人は自家用車を保有しておらず、月に1回塩江病院に通院する時はタクシーを利用していた。しかし、タクシーの運賃は塩江までが片道2,600円、往復で5,200円と高額であるため、近所の人と一緒に乗り合い、運賃を折半して利用していた。コミュニティバスは、停留所までの道が山道であり、歩くと片道30分以上かかるため、利用している人は全くいなかった。

**※特例**

　別子で聞取り調査をした結果、この地区ではコミュニティバスは月曜日と木曜日しか運行しておらず、誰も利用していないことがわかった。また、停留所までの長い山道を高齢者は歩くことができず、たとえ増便したとしても利用することはないだろう。

## (2)　コミュニティバスのアンケート調査の実施

　コミュニティバスの利用実態を調査するため、2010年7月1日に奥の湯公園で行われた「竜王山山開き」イベントの参加者を対象に、アンケート調査を実施した。回答者は61人であった。分析結果は省略するが、コミュニティバスは住民にとって必要不可欠な存在であること、しかし現状ではコミュニティバスを利用している住民は非常に少ないことが明らかになった。なぜなら、回答者の多くは自家用車を保有しており、現在はコミュニティバスを利用する必要性が低いからである。ただし、将来の生活の足を確保するためにコミュニティバスは必要不可欠なものと位置付けていることがわかった。

## （3）上西地区住民の交通移動パターン

　これまでの聞取り調査やアンケート調査から上西地区住民の交通移動
パターンを析出したい。先ず、今回の聞取り調査、さらには各集落から
コミュニティバスの最寄りの停留所までの距離の計測調査により、各集
落のコミュニティバスの利用実態が明らかになった。

　それによると、大きく3つに分けられる。（図表6参照）1つめは、
コミュニティバスが利用できる地区であり、これは家から最寄りの停
留所まで0～500mの距離にあって歩いて行くことができる集落である。
2つめはコミュニティバスが利用しにくい地区であり、500m～1km離
れている集落である。停留所までの距離があるため、足腰の悪い高齢者
などには利用が難しい。3つめは、コミュニティバスが利用できない地
区であり、1km以上離れている集落である。農山村である上西地区で
は山道で上下の移動も含まれるため、1km以上離れるとバスの利用は
できないのが現状である。

　次に、上記のコミュニティバス利用実態に、自家用車の利用を考慮す
ると、上西住民の交通移動パターンは4つに分類できる。（図表7参照）

　先ずパターン1は、自家用車を運転できる住民（世帯）である。家族

図表6　コミュニティバスの利用実態

| コミュニティバスが使える地区 | 内場、荒、小向、桧、焼堂 |
|---|---|
| コミュニティバスを使いにくい地区 | 池の谷、内場の一部、城原の一部 |
| コミュニティバスが使えない地区 | 石打、貝の股、物言川、一ツ内の一部、堀山、細井、松尾、小出川、別子、真名屋敷、大屋敷 |

図表7　住民の交通パターン

| パターン1<br>自家用車を利用 | パターン2<br>コミュニティバスを利用 |
|---|---|
| パターン3<br>自家用車もコミュニティバスも利用できないが、近所に住む家族の車を利用 | パターン4<br>自家用車もコミュニティバスも利用できない独居老人世帯など→タクシーが必要 |

に1人でも自家用車を運転できる人がいれば、移動手段に不便を感じることはない。

　次にパターン2は、コミュニティバスが利用できる人である。たとえ自家用車を保有していなくても、内場、桧、焼堂のように、自宅付近にコミュニティバス路線がある集落の場合は、交通の不便を感じることはあまりない。聞取り調査を通しても、高齢者が非常に多い上西地区住民の外出先は、月1回程度の塩江病院への通院がほとんどであることが明らかになった。したがって、塩江病院付近まで路線のあるコミュニティバスは、住民のニーズを満たしている。

　パターン3は、自家用車を保有しておらず、コミュニティバスも利用できない地区に住んでいるが、近所に家族が住んでいる住民である。上述したように、住民の大半の外出先は塩江病院である。通院する際、近くに住む家族に車で送迎してもらえる住民も、必要最小限の交通移動は何とか確保している。

　最後にパターン4が、自家用車を保有しておらず、コミュニティバスも利用できない地区に住んでおり、さらに近所に家族も住んでいない住民である。この住民は交通移動の際、タクシーを利用せざるを得ない。しかもコミュニティバスも通らない遠隔地であるため、タクシー運賃は高額になる。そのため、塩江病院に通院するタクシーは集落の住民同士で乗り合い、運賃を折半で利用している。

　このように、パターン4の住民は交通移動、すなわち生活の足が確保されておらず、通院ですらままならない状況であることがわかる。また、住民の大部分が高齢で年金暮らしであるため、高額なタクシー運賃は生活を大きく圧迫している。したがって、上西地区では、オンデマンドタクシーを導入することで、とくにパターン4の住民は安価な運賃で通院することができるようになり、より一層質の高い生活を送ることができる可能性が高まる。それは同時に、上西地区の交通空白地帯の解消にもつながる。

## 6. オンデマンドタクシーの実施

### （1）上西デマンド乗合タクシー事業

　上西地区での聞取り調査や、デマンドタクシーの先進事例である香川県まんのう町の視察を参考に、上西地区でのオンデマンドタクシー案を2010年8月に上西連合自治会に提案した。提案した内容は、①一律定額運賃案と②利用距離に応じた運賃案の2案であった。（詳細は省略）

　その後、上西連合自治会は地元唯一のタクシー会社に働きかけ、「上西デマンド乗合タクシー試験運行計画」ができた。そこでの事業内容は以下のようであった。

**＜事業内容＞**

　上西オンデマンド乗合タクシーとは、利用者が事前に電話で利用時間帯と目的地を予約し、タクシーが乗り合う人を順に自宅まで迎えに行き、上西地区内の行きたい場所、および塩江病院、塩江バス停まで送迎するサービスである。概要は以下の通りである。

・実施主体　　　上西校区連合自治会
・運行事業者　　○○タクシー（塩江町のタクシー会社）
・目的　　　　　⑴交通弱者の移動手段の確保
　　　　　　　　⑵公共交通空白地帯の解消
・事業費　　　　2010年度　20万円
・利用料金　　　タクシー料金を一定の算定方法（4分の1）によって乗り合う人に配分。領収書を上西オンデマンド乗合タクシー補助金申請書に添付し、連合自治会に提出すると、補助金を口座に振り込む。
・実施年度　　　2010年10月〜

　上西オンデマンドタクシーのサービス内容について、具体的には以下のようである。

### ①　運行エリア

　運行エリアは、基本的には上西地区内全域である。それに加えて、塩江病院と塩江バス停も対象エリアとなる。これは上西住民の大半の外出

先が、塩江病院や塩江バス停であると考えられるためである。

② **利用対象者**

上西地区内の自治会会員家庭の構成員であれば誰でも利用できる。ただし、利用を希望する場合、事前登録が必要となる。

③ **運行日**

年末年始（12月29日〜1月3日）を除く日の、午前8時から午後5時まで。また、利用予約がない場合は運行しない。

④ **運行ダイヤ**

塩江発8：00、10：00、12：00、14：00、16：00の1日5便。

⑤ **使用車種**

タクシー会社が所有する普通乗用車。乗客は4名まで。

⑥ **予約方法**

利用したい場合、利用日前日の午後5時までに、タクシー会社に電話で「利用日、利用、時間、目的地」を伝え、予約する。

例「○○日○○時ごろ、自宅に来てもらって○○までお願いします。」


## (2) 上西オンデマンド乗合タクシーの特徴

上西オンデマンド乗合タクシーの特徴は、料金の計算方法が通常のオンデマンドタクシーと異なり、「乗合を前提でタクシーを利用した場合、通常のタクシー運賃の4分の1を補助する」という点である。

通常のオンデマンドタクシーはバスと同様に「一律定額料金制」である。「一律定額料金制」の利点は、何といっても運賃計算が簡単な点である。さらに乗車地点に関係なく、一律の運賃で全ての住民が利用できることは、大きなメリットである。しかし一方で、タクシー会社に対し、通常営業とは全く異質な特別の業務を強いることになるため、大がかりな準備と、補助金・委託料といった多額の予算が必要になることが欠点として挙げられる。この場合、バス乗車のルールを基本にするので、タクシー業者に考え方の転換や、過度の負担を強いることになってしまう。

しかし、上西地区の現状を考えると、この「一律定額料金制」を採用

することはあまり効率的ではないと考えられる。理由は2点ある。1点目は、上西地区は面積が広く、住居地は広範囲な反面、利用目的地（塩江病院や塩江バス停）は偏っている点である。したがって定額運賃をかなり低額に抑えないかぎり、目的地まで遠い人と近い人とでは、受ける恩恵に開きがあるというデメリットが考えられる。2点目は、上西地区は著しい過疎地であるため、住民はタクシーを一人で利用することが多くなると考えられる点である。一人で利用するのでは「相乗り」が前提であるオンデマンドタクシーの意味合いが薄らいでしまい、なおかつ補助する側が高コストとなる可能性が高い。

　以上の点を上西校区連合自治会が考慮した上で、上西地区で採用された運賃の計算方法が「乗合を前提でタクシーを利用した場合、通常のタクシー運賃の4分の1を補助する」というものである。通常のタクシー料金を同乗者が分けて負担することで、「一律定額料金制」で生じる2点の問題を解決することが可能である。また、この制度はバス乗車のルールではなく、一般タクシーに乗車する場合のルールを基本にするので、タクシー業者に考え方の転換や、負担を強いることがない。さらに、通常数千万円かかるオンデマンドタクシー事業費が、上西地区の場合、20万円（2010年度）という低コストで賄うことができる。以上のような経緯で上西地区では、より効率的だと考えられる「タクシー運賃の補助制度」が採用された。

## （3）　上西オンデマンド乗合タクシーの利用状況

　上西オンデマンド乗合タクシーの利用登録は44人であり、利用状況は図表8のようである。（2010年11月30日現在）

　2010年11月30日現在、44人の利用登録があるが、図表8からわかるように「城原、荒小向、貝の股、堀山、小出川、真名屋敷、大屋敷」では実際に利用されている。このうち、「貝の股、堀山、小出川、真名屋敷、大屋敷」は、聞取り調査によると、コミュニティバスの停留所までの距離があるため、利用ができない集落であることがわかっている。また、

それに加えて、いずれの集落も自家用車を持っていない住民や、近所に車に乗せてくれる家族が住んでいない独居老人世帯が多かったことから、上述したパターン4（「自家用車もコミュニティバスも利用できない」）に当てはまる住民がオンデマンドタクシーを利用しているといえる。このように、仮説通りパターン4の住民がオンデマンドタクシーを利用していることが明らかになった。

　また、図表8から「池の谷、桧、焼堂、物言川、一ツ打」は、利用登録はあるが実際に利用はされていない集落であることがわかる。このうち、「池の谷、桧、焼堂」はコミュニティバスが利用できる集落であるため、パターン2（「コミュニティバスを利用」）に当てはまる。コミュニティバスが利用できる集落は、オンデマンドタクシーを必要とはして

図表8　集落別の利用登録と利用状況

| 集落名 | 利用登録（人） | 利用状況（回） |
|---|---|---|
| 池の谷 | 1 | 0 |
| 城原 | 3 | 2 |
| 荒小向 | 7 | 8 |
| 内場 | 0 | 0 |
| 桧 | 3 | 0 |
| 焼堂 | 4 | 0 |
| 石打 | 0 | 0 |
| 貝の股 | 3 | 3 |
| 物言川 | 3 | 0 |
| 一ツ内 | 3 | 0 |
| 堀山 | 4 | 4 |
| 細井 | 0 | 0 |
| 松尾 | 0 | 0 |
| 小出川 | 4 | 9 |
| 真名屋敷 | 6 | 5 |
| 大屋敷 | 3 | 3 |
| 別子 | 0 | 0 |
| 計 | 44 | 34 |

いない。一方、「物言川」は、コミュニティバスの停留所までの距離が
あるため、利用ができない集落であるが、聞取り調査によると、全世帯
が自家用車を保有している集落であることがわかっている。したがっ
て、「物言川」はパターン1（「自家用車を利用」）の集落に当てはまる
ため、オンデマンドタクシーを必要とはしていない。また、「一ツ打」
も「物言川」と同様にコミュニティバスが利用できない集落であるが、
聞取り調査から、全世帯自家用車を保有している集落であることがわ
かっているため、パターン1に当てはまり、オンデマンドタクシーを必
要としていないといえる。このことも仮説通りの結果であるといえる。

　次に利用者の目的地についてであるが、34件の利用のうち31件が「塩
江病院への通院」目的で利用しているのが現状である。塩江病院では、
上西地区の一部で病院患者送迎バスを運行しているが、病院バスもコ
ミュニティバスと同様、一部の上西住民しか地理的条件で利用ができな
いことを反映している。

　今後の課題として、全ての上西地区住民がオンデマンドタクシーの取
組みを認識していないことが挙げられる。オンデマンドタクシーは、近
年注目され始めた新しい交通機関の一つであり、住民の大半が存在を知
らないのが現状である。この点については、オンデマンドタクシーの利
用実態調査や住民への周知を兼ねて、上西地区全世帯を対象にアンケー
ト調査を予定している。アンケート調査の実施を通して、オンデマンド
タクシーの取組みの周知や、利用方法の説明、そして利用登録を呼びか
けていきたい。

　次に、オンデマンドタクシーの利用者のうち、9割が「塩江病院への
通院」の手段として利用していることが挙げられる。上述したが、塩江
病院では患者の送迎バスを運行している。しかし、コミュニティバスと
同様に、一部の地域の住民しか病院バスは利用できておらず、決して公
平なサービスが提供されているとは言えない。今後は、病院バスとオン
デマンドタクシーが結びつき、双方にメリットのある効率的な運行形態
を考える必要があるだろう。

# 7. 地域活性化イベントの実施

　ここでは、私たちが取組んだ2つ目の課題、住民同士の交流機会を設けるために企画・実施した「映画上映会」と「うたごえ喫茶」イベントについて説明したい。

## （1）映画上映会の実施

　2009年11月3日に第1弾イベントとして、モモの広場で映画上映会を行った。塩江では映画館が50年前になくなっていて、50年ぶりの映画上映会となった。映画上映会にあたって、チラシを作り、さらに、かつての移動映画館の雰囲気を出そうと住民の方々と講堂のステージ壁の補修、塗り替えを行った。

　また、人々のつながりがテーマである「おくりびと」という映画作品を上映した。開催にあたり、広報面では地元新聞社への告知依頼や塩江町内放送、NPO奥塩江ボランティア協会が配布する便りで告知した。

　当日は上西地区を中心に30人ほど集まった。上映後のアンケート調査では、満足度について「映画の内容」4.86、「映像」4.82、「スタッフの対応」4.82、「イベント全体」4.61（いずれも5段階評価の平均）と高い

映画上映会の準備の様子
（講堂のステージ壁の補修）

映画上映会当日の様子

評価をいただいた。また、自由記述欄では「約40年間の涙を短時間で流しました」（60代男性）、「50年ぶりに映画をスクリーンで見られた」（60代女性）という感想をいただいた。50年間映画館がなかったため、50年ぶりの大きなスクリーンでの映画上映に感動する住民は多かったといえる。過疎地域では、文化施設の数が少なくなっている。こういった機会を設けることで、過疎地の住民は文化や芸術に触れ、より生活が豊かになるのではないだろうか。この取組みは地元新聞でも取り上げられ、地域力を発信する手助けになった。

## （2）うたごえ喫茶の実施

### ①　きっかけ

　第1弾イベントとして行った映画上映会が成功したことから、第2弾イベントの企画が始まった。第1弾イベントの課題として経費面の問題で継続して実施できないということがあったので、第2弾のイベントは継続的なものが目指された。

　企画会議で地域の人から「青春時代に流行した"うたごえ喫茶"をみんなで一緒に楽しみたい！」と要望があがった。また、上西地区全戸対象に行ったアンケートの結果でも、「交流会」や「歌や音楽のイベント」に参加したいという意見が合計で全体の36％もあった。これらの理由から、うたごえ喫茶の開催が決定した。このイベントの目的は、みんなで自由に歌うことによってみんなで楽しめるイベントにすること、うたごえ喫茶を今後定期的なイベントにしていくこと、若い人が入ること・イベントを行うことで塩江を活気づけること、参加者が一緒に歌うことで一体感を生むこと、の4点とした。

### ②　うたごえ喫茶開催まで

　うたごえ喫茶を開催するまでの準備に3ヶ月かかった。その間の主な活動は以下のようであった。

　先ず、うたごえ喫茶が何かを知るため、事例集めから始まった。うたごえ喫茶とは1955年頃に流行した飲食店で、主なものは、喫茶店の店内

で歌声リーダーによるアコーディオ
ン等の伴奏に合わせてお客さん達が
大きな声で合唱する、というもので
ある。最近は全国で再流行し、うた
ごえ喫茶の店舗数も増えている。事
例の中には、学生（関西学院大学や
名古屋学院大学など）が地域住民と
ともに開催し、地域づくり活動に貢
献している事例もあり、電話で聞取

うたごえ喫茶の準備の様子（地域住民
と話し合い）

り調査を行った。また、うたごえ喫茶を行っている岡山のアコーディオ
ン団体にも電話で聞取り調査を行った。1回当たりの人数、曲数、構
成、盛り上げるコツなどを聞き、私たちのうたごえ喫茶の参考にした。

　次に、まんぷく会の参加者にうたごえ喫茶で歌いたい曲についてのア
ンケート調査を行った。回答31人（50代以下8人、60代13人、70代8
人、80代1人、不明1人）であったが、人気曲には15票も集まり、当日
の曲目や曲順決めの参考にした。まんぷく会イベントにも参加し、会終
了後にうたごえ喫茶の計画を説明し、地域の人も交えて、イベントを成
功させるために話し合いを行った。

　歌う曲目を決めてからは、譜面集め、演奏者集め（私たち学生自身も
演奏を担当）、スクリーンに映し出す歌詞の作成、歌詞カードの作成を
行った。歌詞カードは付け加えることができるようになっており、次回
うたごえ喫茶を開催し、曲目が増えた時にもそのまま使用できるように
なっている。さらに、昔の曲が多く、聞いたことのない曲も多かったた
め、私たちが歌えるようになるための練習、伴奏の練習を行った。

　多くの人に参加してもらうために様々な広報活動も行った。うたごえ
喫茶のチラシを作成し、配布するとともに、地域のお店にも置いても
らった。地元新聞社への告知依頼や塩江町内放送も映画上映会同様に
行った。

### ③　うたごえ喫茶の開催

　2010年1月23日（土）にうた
ごえ喫茶を開催した。場所は毎
月まんぷく会が行われている
「モモの広場」参加者には1人
300円の参加費を払ってもらい、
休憩時間にコーヒーと焼き菓子
を配った。

うたごえ喫茶当日の様子

　司会、タイムキーパーは私たちが担当した。伴奏には、ピアノ伴奏は
学生が、フォークギターは趣味でギターをされる方にお願いし、他の学
生も曲によってクラシックギターやトランペットを演奏した。賑やかな
伴奏となった。

　うたごえ喫茶の形式は、リクエストは受けずあらかじめ決めた曲目通
りに進めた。歌を歌える人を募り、希望者4～5人に前に来て歌っても
らい、他の人もそれぞれの場所で合唱した。歌うだけでなく、簡単な踊
りも取り入れた。当日は60代の方を中心に約50人の住民が集まり、「知
床旅情」などの歌謡曲を中心に約20曲を全員で熱唱した。

### ④　うたごえ喫茶の効果

　参加者を対象にしたアンケート調査によると、今回のイベントをチラ
シ、新聞で知ったという人がそれぞれ19％いて、広報の効果があったこ
とがわかる。

　また、満足度では、選曲、曲数、演奏、音量、歌集、司会進行、イベ
ント全体という7項目について、それぞれ5段階評価をしてもらったと
ころ、平均で全項目4.00を越え、とくにイベント全体では4.43、という
高い評価が得られた。

　自由回答欄では、「懐かしい歌、思い出の曲で楽しい時間を過ごせま
した。」（70代女性）、「香大の学生さんの明るさが、みんなの心を明るく
したと思います。」（50代女性）、「学生のみなさんの一生懸命頑張ってい
る姿に涙が出そうだった。」（60代女性）といった感想を頂くことができ

た。とても満足度の高いイベントとなったことがわかる。

　後日、このイベントは地元新聞に記事として掲載された。また、うた
ごえ喫茶は地域の人に引き継がれ、月1回の定例イベントになった。す
でに10回以上開催され、毎回多くの参加者に喜ばれている。

## 8.　おわりに

　2年間をかけて上西地区に通ってきたが、現場に足を運ぶことで、日
本各地で深刻な問題となっている過疎化・高齢化の現状を目の当たりに
した。いわゆる限界集落と呼ばれる地域では、高齢化の進行を食い止
め、人口を増加させることは困難なことだろう。しかし、高齢化の進行
をただ傍観するのではなく、厳しい現実に直面しつつも、いかに地域
住民の生活を支え、楽しみを創造していくかを考え、地域づくり活動
をすることが非常に大切であると今回の活動を通して学んだ。今後も、
NPO奥塩江交流ボランティア協会が行っている地域住民の交流イベン
トや、上西連合自治会のオンデマンドタクシーの取組みを通して、地域
住民が皆で力を合わせ、心豊かでぬくもりのある、温かい社会を築いて
いってほしい。

## 謝辞

　本稿の作成に当たり、上西連合自治会のO会長はじめ、調査に協力し
ていただいた多くの上西地区の住民の方々、NPO奥塩江交流ボランティ
ア協会の方々に大変お世話になりました。お忙しい中、調査にたくさん
の時間を割いて協力していただき、本当にありがとうございました。

## 参考文献
猪井博登・竹内龍介（著）、秋山哲男・吉田　樹（編さん）（2009）『生活支援
　の地域公共交通』、学芸出版社
奥山修司（2007）『おばあちゃんにやさしいデマンド交通システム』、NTT出版
辻本勝久（2009）『地方都市圏の交通とまちづくり―持続可能な社会をめざし
　て』、学芸出版

# 第８章　「遺跡案内」
## ―観光者はなにを求めているか―

丹羽　佑一、丹羽ゼミ

## 1. はじめに（研究課題と経緯と結果）

　香川大学経済学部地域社会システム学科ツーリズムコース丹羽ゼミ３年生の学習課題は前期では遺跡による瀬戸内の原始・古代史の探求、後期には遺跡の現代社会における活用と定めている。ツーリズムコースが設置されてからは、遺跡の活用は「遺跡の観光資源化」に特化している。

　３年生の演習の研究の前段階をなすものとして２年生のプロゼミがあり、そこでは身近にどのような遺跡がどのようにして在るか、遺跡とはどんなものか、これらを体験的に学んでいる。４年生の演習は３年生の演習で学んだものから、演習生各人が自分の研究課題を選考し、卒業論文にまとめる。このようなカリキュラムによって、演習の学習・研究課題を達成するようにしているが、学習、研究はフィールドワークとデスクワークの往復によって進められる。

　平成22年度の丹羽ゼミではこのカリキュラムに一つの課題が与えられた。「現場主義に基づく地域づくり参画型教育」プロジェクトに途中からであったが、参画することになったのである。現場主義とは研究課題を現場から抽出し、研究成果を現場で検討することを繰り返す事によって研究課題の解決に至る、そのような教育方法と了解しているが、これは本ゼミの教育方法に通じるものである。本教育プロジェクトの特徴は、現場が「地域づくりへの参画」に設定されている点である。研究課題を「地域づくりへの参画」に求め、その研究成果を「地域づくり」の中

三豊市・紫雲出山遺跡

で検討することになる。演習の研究テーマと地域づくりの接点は「遺跡の整備」に求められる。遺跡の整備は地域住民の歴史的環境の整備であり、観光対象の整備でもある。「住んで良し、観て良し」である。遺跡の整備に関して寄与できる学生達の研究は何か。

　これが研究の出発点となった。前期演習では香川の原始・古代を語る遺跡にはどのようなものがあり、またそれぞれがどのような歴史的意義をもつのか、デスクワークを中心に調査した。夏季休暇に入り、前期の調査結果から、香川の主要な遺跡を抽出し、その遺跡の整備の現状についての踏査に入ったのである。

　夏季休暇中の遺跡踏査の結果は、遺跡整備が、１復元・博物館、資料館併設　２復元・ガイダンス施設設置　３復元・説明板設置　４保存処置・説明板設置　５放置・説明版設置　の５レベルに区分されることを明らかにした。ところが、一方で総体として共通する整備の特徴が明らかとなった。遺跡の位置表示が不十分、もしくは無いという現状であった。地元住民、自治体の埋蔵文化財専門員、考古学研究者以外は、ガイドなしには遺跡に到達するのは困難であり、場合によっては地元住民にその存在自体が明らかでない遺跡もあった。

　このような調査結果から県内遺跡整備の課題として、復元の促進、保存処置の拡充、説明施設の内容の向上、位置表示とその方法が上げられることになった。

　しかし、位置表示以外は地域史はもとより多様な専門的知識・技術が必要であり、自治体の遺跡整備事業の主要な課題となっている。大学生が出来る課題、大学生が得意な課題は何か。ゼミ生が出した結論はガイドブックの作成であった。彼らの情報端末の知識、利用は他の世代より断然勝れている。また、ガイドブックの作成は、「位置表示」の課題を含むものであったが、遺跡にどのようにして行くか、到達できるのか、それ以前のそもそも遺跡をどのようにして知るか、が彼らにとって整備の大きな課題としてあったからである。歴史、遺跡、文化財に興味のある若者にとって必要とするところであった。彼ら自身が現場から導き出

した課題に応えるものでもある。

　どのようなガイドブックを要求するのか。ガイドブックの作成は既存のガイドブック、類する、あるいは関連する情報媒体の検討から始まった。その検討を2節に、そして3節にガイドブックを報告する。

**目　次**
　1．はじめに
　2．「遺跡案内」の現状
　　　（1）インターネットのサイトによる遺跡情報
　　　（2）刊行物による遺跡情報
　　　（3）ナビゲーターシステムによる遺跡情報
　　　（4）住宅地図による遺跡情報
　3．ガイドブックの作成
　　　（1）形式（地図）
　　　（2）構成（地図とサイト）
　　　（3）サイトにおけるデータベース

## 2．「遺跡案内」の現状

### （1）インターネットのサイトによる遺跡情報

　いつでもどこでも情報を入手でき、わからないことがあれば誰もがまず使うだろうと考えられるインターネットから情報収集を行った。地方公共団体HP、旅行誌を発行している会社が運営するHP、個人が運営するHPの3つを検索した。

　まず、地方公共団体、高松市のHPの石清尾山古墳群の検索では、航空写真が添付されており、古墳群の構成や特徴などの情報が得られた。リンクをたどっていくと各古墳の大きさや形状、歴史的な古墳情報を得ることができたが、古墳群への交通アクセス方法の情報は不十分なものであった。自動車・バスの場合を想定した地図があり（図表1〜4）、古墳群周辺にはたどり着けるが、そこからの細かな道の記載がない。これでは古墳群にたどり着くことは難しいだろう。

　次に、丸亀市のHPの快天山古墳の検索では、航空写真があり、大きさ・形状の表記、古墳の概要や出土品の説明があるため、十分な古墳情報を得ることはできた。しかし、交通アクセスを示す地図は（図表5）大きな道しか書かれておらず、駅から徒歩で行くことができる距離なのか、バスは運行されているのかどうかもわからない。この説明では、このあたりの土地にかなり詳しい人でなければたどり着くことはできないだろう。

　続いて三豊市HPの宗吉瓦窯跡の検索では、パンフレットが掲載されており、絵や写真が豊富で展示館への問い合わせ先も記載されていた。

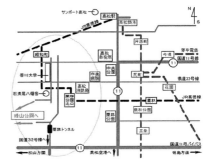

図表1　高松市HP　広域案内図

図表2　高松市HP　詳細案内図

図表3　高松市HP　公共交通機関案内図

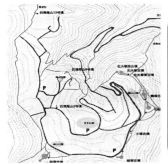

図表4　高松市HP　石清尾山
　　　　古墳群案内図

図表5　丸亀市HP　快天山古墳

遺跡の大きさや概要などの情報は得られたが、交通アクセスはグーグルマップ（図表6）と大まかな道が書かれた地図（図表7）が添付されているだけで、公共交通機関を使用する場合の説明はなかった。遺跡付近はわかりやすく示されているが、県道、国道、高速道路の幹線道路から遺跡付近に到達するのはこれらの地図をリンクする必要があるものの、地域に精通した者以外は困難を伴う作業を要求するものである。

　次に、旅行誌を発行している会社が運営するHPの快天山古墳の検索である（参照1）。古墳の所在地と最寄駅からの交通アクセス方法、地図、問合せ先の記載があった。古墳の概要はわかるものの、地図はゼンリンの地図（図表8）で、最大に拡大しても古墳にたどり着く細かな道は表示されなかった。これも、十分な情報が得られるHPとは言えない。

　最後に、個人が運営するHPの検索である。個人が運営するHPの特徴として、遺跡にたどり着くまでの景色や自然植物・遺跡の写真が多く掲載されており、視覚的な情報が豊富であるという点があげられる。このHPでは（参照2）まんのう町・中寺廃寺が紹介されていた。香川県第二の高峰、大川山腹、標高750mにある初期山岳寺院である。著者が山を登った道順が写真を使って解説されているためわかりやすいが、そもそもこの山の所在地を知る人でなければ遺跡へはたどり着けない。ま

図表6　三豊市HP　グーグルマップ　　　　図表7　三豊市HP　宗吉瓦窯
　　　　宗吉瓦窯跡史跡公園　　　　　　　　　　　　跡史跡公園

（参照1）じゃらん観光ガイドhttp://www.jalan.net/kankou/spt_37384af2172014452.html
（参照2）2010年山歩きhttp://shikokuyama.web.fc2.com/daisenzan20100522.html

図表8　ゼンリン地図　　　　　　　　図表9　マピオン地図

た、マピオンの地図（図表9）にリンクしているだけで、交通アクセス
方法の説明はない。ほかの個人HPも検索したが、交通アクセス方法を
自動車や公共交通機関別に分けて説明し、さらに、遺跡にたどり着く付
近の道を示した地図を掲載しているHPは見つけられなかった。

　このように、インターネットからでは、特に遺跡への交通アクセス情
報を十分に得ることは困難であると思われる。

## （2）刊行物による遺跡情報

　観光者が遺跡を観光しようとした時、情報を得るためのツールとして
観光誌などのガイドマップや郷土誌が考えられる。そこで、今現在、刊
行物からどの程度の情報が得られるかを調べた。

　まず、高松市立図書館で調査を行った。ここでは書籍検索機があり、
そこに今回自分たちが訪れた遺跡の名前を記入して書籍を検索した。す
ると、ほとんどの遺跡は発掘調査報告書、もしくはその遺跡のある土地
の自治体史が検索された。しかし、発掘調査報告書には「トレンチ」「バ
イラン花崗岩」などの専門用語が多用されており、研究者や遺跡を熟知
した人であれば十分理解できるが、私たちのターゲットとしている遺跡
に少し興味のある一般の観光者には読みにくく、分かりにくいという印
象を受けた。

　さらにそこに記載されている遺跡分布を示す地図は50,000分の1に縮
尺された地図ばかりで、詳しい交通アクセスについては書かれていない

第2節　各トレンチの概要

1．第1トレンチ（第3図）

　前方部前端の確認を目的として、主軸ライン上でNo.3杭北2mからK3杭南5mまで延長17mのトレンチを設定した。K3杭以南では表土直下で風化の進まない花崗岩バイラン土層が検出された。この部分では地山面は、地勢に応じてごくわずかながら南に下がる。ほぼK3杭を境にそれより以北では大小様々な不定形な攪乱壙が至る所に見出される。それらの多くではビニール断片なども見出されることなどからごく近年の所産と推測される。特にK3杭北3m以内ではそれが甚だしくほとんど旧状をとどめないことが判明したので、この部分では部分的な掘り下げにとどめた。このような攪乱と重複しつつ、K3坑を南端として幅3.8mで深さ20cmほどのきわめて浅い地山の落ち込みをかろうじて確認することができた。多数の攪乱壙と重なり合い、詳細な形状の復元は困難であるが、この落ち込み部あるいはこれに接した攪乱土壌に限って、埴輪片及び葺石様の石材を相当量包含することも留意して、断定しがたいもののこの部分が前方部前端を反映する可能性を想定しておきたい。なお落ち込み最深部は後門部中心点の北62m、標高73.1mとなる。

『快天山古墳発掘調査報告書』（2004年　綾歌町教育委員会）

　　ので、その地図を用いて目的の遺跡に行くことは難しいと考えられる。

　地方の歴史を書いた自治体史（高松市史、大野原町史等）では、遺跡の規模やそれがどういった歴史を持つものかという情報が詳細に記載されており、難しい専門用語もほとんど使われていないので読みやすいものだった。しかし、交通のアクセス方法などは記載されておらず、それ単体で観光誌として利用することは難しいことが分かった。

　次に、書店の調査を行った。今回調査をしたのは高松市内丸亀町商店街にある宮脇書店本店と、紀伊國屋書店である。書店では主に旅行業者が発行している観光誌と、郷土本を検索してみた。郷土本のコーナーでは県

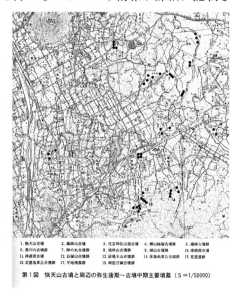

1. 快天山古墳　　　　2. 薬師山古墳　　　　3. 住吉神社山�──古墳　　4. 横山鏡塚古墳群　　5. 横網古墳群
6. 奥川内古墳群　　　7. 陣の丸古墳群　　　8. 地神山古墳群　　　　13. 城山古墳群　　　　10. 猪熊西古墳群
11. 津崎西古墳群　　11. 石畳山古墳群　　　13. 冠龍王山古墳群　　　14. 休亀池東丘古墳群　　15. 定道遺跡
16. 定道地東丘古墳群　17. 平尾地蔵群　　　18. 岡田万塚古墳群

第1図　快天山古墳と周辺の弥生後期～古墳中期主要墳墓（S＝1/50000）

図表10　『快天山古墳発掘調査書』
　　　　（2004年　綾歌町教育委員会）

内の遺跡や文化財をまとめた山川出版社刊行の『香川の歴史散歩』（1996年）という本が見つかった。

　この本では私たちが行った遺跡のほとんどが掲載されており、遺跡についての細かな情報（規模や時代、出土品など）が記載されていた。

内容も難しい専門用語などが使われていないので読みやすく、遺跡内部や出土品などの写真も多く記載されており分かりやすいものだった。

図表11　『るるぶ　四国八十八か所』（2009年）

しかし、観光誌のように遺跡に行くまでの交通アクセスについては記載が無く、特に公共交通機関を利用して観光をする観光者にとってはこの本単体での観光は難しいと思われる。

　次に観光誌を調査したが、それには栗林公園や金比羅宮などの特に有名な観光地やうどん店についての情報が多く、遺跡を紹介しているものはほとんどなかった。ただ、国史跡讃岐国分寺については讃岐国分寺が四国八十八か所遍路の札所でもあることから、多くの観光誌に掲載されていた。特に八十八か所遍路にスポットをあてた観光誌には自動車での行き方や最寄り駅から徒歩での所要時間など、交通アクセスが分かりやすく記載されていたため、讃岐国分寺へのお参りと一緒に国史跡も探索できると考える。紀伊国屋書店もほぼ同様の結果だった。

　以上のことから、書籍から得られる情報は遺跡情報に特化したものと、遺跡までのアクセス方法を中心にしたものとに二分されていること

が分かった。利便性の観点から考えて、観光誌にあらゆる交通アクセス方法が記載されていることは非常に望ましいが、遺跡を観光するにあたってその遺跡がどのような意味を持ち、どのような経緯を経て造られたのかという歴史を知るということも重要である。ガイドマップを作成するのであれば、この交通アクセスと遺跡の歴史的背景の両者を盛り込んだものを作成する必要があることがこの調査で分かった。

### （3）ナビゲーションシステムによる遺跡情報

　遺跡を訪れる方法として、大きく分けて、徒歩、自転車、自動車の三つが考えられる。電車や飛行機などを使ったとしても遺跡付近からは上記の三つのどれかによるはずである。

　徒歩の人であれば携帯電話の徒歩ナビ、自転車の人なら自転車ナビ、車の人であればカーナビを使って遺跡に行くと考えられる。

　それらのナビゲーションシステムがどういったものであるのか、そして、それらを用いて実際に遺跡にたどりつくことができるのかどうか、調査を行った。

　①　携帯電話によるナビウォーク（徒歩で遺跡に行く人用）
　②　自転車ナビ（自転車で遺跡に行く人用）
　③　カーナビ（車で遺跡に行く人用）

　図表12に示した徒歩ナビでは、三豊市・紫雲出山、高松市・石清尾山は検出されたが、そこにある遺跡は表示されない。紫雲出山は荘内半島の最高峰で瀬戸内海最高の眺望を提供する観光地である。石清尾山は高松市街地の西南郊外に位置し、児童公園など市民の憩いの場となっている。遺跡情報は基本的に省略されているものと考える。仮に遺跡が表示されても、大縮尺によって付近の小道は

図表12　携帯電話に内蔵されている無料の徒歩ナビアプリの画面（au・ezナビウォーク　山頂の紫雲出山遺跡は表示がない）

記載されないので、このナビゲーションシステムでは遺跡に導かれることは期待できない。

　図表13に示した自転車ナビでは、善通寺市・国史跡有岡古墳群だけが検出された。これも大縮尺で付近の小道は省略される。

　図表14に示したカーナビでは、高松市・国史跡国分寺・国史跡石清尾山古墳群、三豊市・国史跡宗吉瓦窯跡・県史跡・紫雲出山遺跡、善通寺市・国史跡宮が尾古墳、さぬき市・国史跡富田茶臼山古墳については検出された。また、まんのう町・国史跡中寺廃寺は所在地である大川山は検出できたが、遺跡のある場所は分からなかった。国史跡は掲載されているものの、その他の遺跡はほとんどが省略される。付近の山などが検出されても、遺跡や古墳が地図上に載っているものはあまりなかった。

　ナビゲーションシステムを使ってすべての遺跡に行くことは難しいこと

図表13　ソニーの自転車ナビ（ポータブルナビゲーションNV-U35）
左：走行時の画面　右：自転車にナビが取り付けられた写真

図表14　パナソニックのカーナビ　　　写真1　讃岐国分寺・僧坊跡の踏査

が分かった。目的地の遺跡が国史跡などの著名な遺跡であれば検出される可能性は高くなり、詳細な地図も出てくるかもしれない。しかし、あまり知られていない遺跡であれば、ほとんどは検出されないと考えられる。また、そのシステムの新しさや性能によっても検出される遺跡は変わってくる。現状として、目的とする遺跡の知名度が低ければ、ナビゲーションシステムを使って遺跡にたどりつくことは難しいと考えられる。

## （4）住宅地図による情報収集

　ここでは住宅地図による遺跡の位置情報について調べる。まず住宅地図の概要を検討する。

　住宅地図は地形図や道路地図などと区別するために用いられる名称である。近年は国土地理院や自治体発行の地形図等を元に、現地確認調査を実施し編集されていることが多く、別記内容として、集合住宅内の戸別名や事業用ビルのテナントも表記される場合もある。なお、住宅地図内に描かれている建物の外形形状をさして家型（いえがた、かけい）ということがある。地方において一部地域の住宅地図を刊行している会社はいくつかあるが全国のものを刊行しているのはゼンリンのみで、住宅地図の代名詞として圧倒的なシェアを誇っている。また、ゼンリンは、全国ほとんどの地区において1年から2年周期で新版の住宅地図を定期的に刊行している（一部僻地は数年周期となる）。NHKの『プロジェクトX〜挑戦者たち〜』「列島踏破30万人　執念の住宅地図」によると、ゼンリン社が住宅地図更新（実地調査）に要する年間人数は概算で延べ28万人である。住宅地図は一軒一軒の表札を直接踏査確認しながら作成される。ゼンリンの方針によると「表札」は、外部に公開している情報ということで、地図に載せるが、住人等の要望により掲載しないこともある。また、住宅地図は世界中で日本にしか存在しないといわれる。本として出版される他、CD化した電子地図としても販売される。原則として、市町村単位の比較的狭いエリア単位で刊行されるが、CD版には広域のものがある。価格的には廉価版であっても最低4〜5,000円、最

も一般的なゼンリンＢ４版住宅地図は、一冊１～２万円がボリューム
ゾーンと高価である。商業上の理由と個人情報保護の観点からインター
ネットの地図配信サイトなどで無料で配信される事はないと思われる
が、しかしGoogleマップには集合住宅や商業ビルの名前が記載されて
おり、無料住宅地図に近い存在である。近年は、ネットの無料地図の影
響やカーナビの普及で住宅地図全体の売り上げは低下傾向にある。莫大
な量の情報が記載されている住宅地図であるが、遺跡が記載されること
は少ない。原因を、住宅地図の作成の過程から検討する。

　まず調査用原稿（主に前回出版の地図がベース）を元に、プロの調査
員が１軒１軒路地の裏の裏まで歩き（１日10キロ以上）、表札・看板を
見ながら、時には住人の方に聞き、居住者名・テナント名・集合住宅
名・住居番号を調べる。同時に交差点名・一方通行・信号などの交通規
制情報・官公庁・バス停・駅名・公園名・学校名などの公共的な情報も
調べる。調査員が調べてきた原稿をもとに、編集部で入力原稿を作成す
る。町名・行政界・国道名・集合住宅等の案内記号（別記番号）などの
地図帳に必要な情報を記入し仕上げていく。同時に誤字、脱字などの間
違いもチェックする。また、地図面だけでなく主要官公署案内・庁舎案
内・地下街などの客に役立つ情報の原稿も作成する。次に、出来上がっ
てきた入力原稿をもとに、入力センターでパソコンを使い地図を作って
いく。オペレータが、入力原稿から居住者名等の文字入力・新しくでき
た建物・道路等の地形入力を、会社オリジナルの入力ツールを駆使して
地図面を仕上げていく。また並行して、区分図・主要官公署案内・庁舎
案内も作成していく。そして、オペレータが入力し終えた原稿が、出力
され再び編集部へ戻ってくる。校正・訂正を繰り返し何人もの厳しい目、
独自のチェック項目をパスし地図データが出来上がる。このように、住
宅地図は地道な人による作業によって完成するのである。この制作過程
からも明らかなように、「住宅地図」の情報は住宅・施設・道路に重点
が置かれる。

　詳細な情報まで記載されている住宅地図であるが、実際に住宅地図を

用いて様々な遺跡に行こうと思っても必ずしも辿り着くことは出来ない。目的の遺跡を探しても地図上に記載されていないことが多く、また、遺跡付近の小さな道までは記載されていない。図表15、16を見ても分かるように高松市石清尾山の国史跡猫塚は記載されているが、高松市の県史跡高松茶臼山古墳は記載されていない。また、図表15では、猫塚の形状、正確な位置は記載されていない。住宅地図には、車道が通じていない範囲の情報は限定的である上に、主要な遺跡以外は記載されていないので、住宅地図のみを用いて遺跡まで行くことは困難である。

　このように『住宅地図』は遺跡案内の地図としてははなはだ不十分なものであり、これを基としたナビゲーションシステムの地図情報も、遺跡案内に用いることには大きな制約がある。

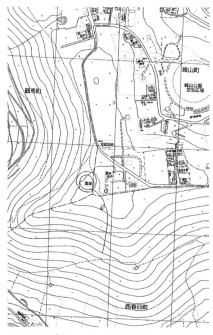

図表15　『ゼンリン住宅地図（香川県高松市1）』2007年における史跡猫塚の位置情報

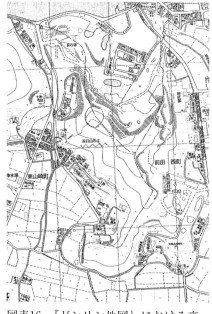

図表16　『ゼンリン地図』における高松茶臼山古墳の位置情報（記載なし）

## 2. ガイドブックの作成

### (1) 形式（地図）

　ガイドブックの必須記載事項は香川県の主要な遺跡の分布、遺跡アクセス方法、遺跡の説明の3つである。そして携行に便利な体裁を必要とする。小さなカバンか大きめのポケットに入る大きさで薄く、軽量なものに限られる。日本中、香川県のどこにいても、遺跡アクセスと遺跡分布が一目でわかる形式・体裁が望ましい。そのためには、香川県土が一面に載る測量地図が最適である。これに適うものとして、香川県観光協会が発行している『香川県観光地図』がある。A1版の大きさで表面に交通アクセス情報、観光地毎の説明が記載され、裏面に10万7千分の1の香川県全体地図を載せる。折りたたむとA4版の大きさになる。道路、JR線、私鉄線、航路等交通網が記載されるが、バス運行の情報を欠く。遺跡については、宗吉瓦窯跡史跡公園、二宮窯跡、天霧城跡、有岡古墳群、丸亀城跡、快天山古墳、城山、府中・山内瓦窯跡、讃岐国分寺、国分尼寺跡、石清尾山古墳群、高松城跡、富田茶臼山古墳の国史跡は記載されているが、県、市、町史跡、その他の主要な遺跡は省かれている。加えて、丸亀城、高松城以外は説明がない。したがって、遺跡ガイドブックとするためには、これをベースとして、香川県の主要遺跡を加えなければならない。また、この地図上の位置情報からは、遺跡に到

図表17　香川県観光地図裏面の県土測量図

図表18　香川県観光地図表面の観光地の説明

達できない。遺跡周辺の詳細な地図が必要である。遺跡の説明は、観光地の説明に置き換えることによって可能であるが、スペースの関係上、遺跡の形式、規模、所属時代等外形的基礎情報に限られる。この地図形式のガイドブックでは遺跡の説明、特に歴史的背景、意義の説明は極めて不十分なものとなる。

## （2）構成（地図とサイト）

　1枚の地図形式のガイドブックでは、遺跡の説明は不十分である。また大縮尺では遺跡周辺の地図情報は省かれるので、遺跡への到達はその地図を頼りでは困難である。そこで、提案す

写真提供　国分寺町

図表19　遺跡画像と解説のモデル（『香川県の文化財』2000年）

るガイドブックでは、携行する地図とインターネットの遺跡案内サイトがリンクして、上記した二種の不十分な遺跡情報を遺跡案内サイトの遺跡データベースの閲覧によって補う構成をとる。地図にプリントしたQRコードによって携帯電話は遺跡案内サイトのデータベースと繋がり、観光者はどこにいても、十分な遺跡情報を入手することができるのである。なお、携帯電話という情報端末には扱えるインターネット情報量の検討が必要となろう。これは遺跡データベースの情報量に関わる大きな制限要素である。最近開発されたタブレット形PC（ipad等）ならば、この情報量の制限は考慮しなくてもよいが、製品の普及度を考えると、携帯電話の利用を優先させたい。

## （3）サイトにおけるデータベース

　遺跡案内サイトは丹羽研究室ホームページに置く。そこに収蔵される遺跡データベースは、遺跡番号、遺跡名、GPS位置情報、遺跡形式、所属時代、規模、画像、解説、遺跡周辺地図の９項目から構成される。遺跡番号は県内通し番号である。遺跡形式とは、貝塚、古墳、集落址、窯址、寺院址、城址等の遺跡の種類を示す。解説は遺跡の歴史的意義をテキストによって示すものである。遺跡現地の説明板では一般的に時代、規模、出土遺物が記載される。しかしこれらは極言すれば、遺跡を見れば分かるデータである。必要なのは遺跡の歴史の記述である。歴史記述をいくつかの遺跡において検討したところ、600字程度を必要とした。説明版から省かれる理由である。遺跡周辺地図は最も重要なデータである。遺跡への道のりを手描きしたもので、到達するための情報を書き込む。

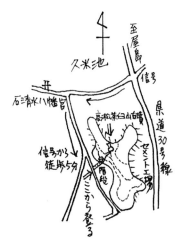

図表20　高松市・高松茶臼山古墳の手描き遺跡周辺地図

写真２　高松茶臼山古墳の周辺地図作成のための踏査
（登り口に古墳の表示はない）

# 執筆者紹介（執筆順）

原　直行

　　　経済学部教授　農業経済学・農業史専攻。エコツーリズム論担当。

稲田道彦

　　　経済学部教授　地理学専攻。観光地理学、お遍路観光論担当。

大賀睦夫

　　　経済学部教授　政治学専攻。観光行政学担当。

金　徳謙

　　　経済学部准教授　観光学専攻。観光学概論、観光政策論担当。

水野康一

　　　経済学部教授　英語教育学専攻。観光英語、異文化間コミュニ
　　　ケーション論担当。

丹羽佑一

　　　経済学部教授　考古学専攻。観光資源論担当。

※各ゼミの学生の名前は省略

## 現場主義に基づく地域づくり参画型教育

2011年3月31日　初版
2020年9月 4日　再版

編集　香川大学経済学部
　　　〒760-8523　香川県高松市幸町2－1

発行　株式会社　美巧社
　　　〒760-0063　香川県高松市多賀町1－8－10
　　　TEL 087-833-5811　FAX 087-835-7570

ISBN978-4-86387-126-7　C1037